MARIOLOGIA

Dados Internacionais de Catalogação na Publicação (CIP)
(Câmara Brasileira do Livro, SP, Brasil)

Boff, Lima
  Mariologia : interpelações para a vida e para a fé / Lina Boff. – 2. ed. Petrópolis, RJ : Vozes, 2019. – (Coleção Iniciação à Teologia).
  Bibliografia.
  ISBN 978-85-326-5986-6
  1. Fé 2. Maria, Virgem, Santa – Culto 3. Maria, Virgem, Santa – Teologia 4. Vida cristã I. Título. II. Série.

07-5872　　　　　　　　　　　　　　　　　　　　CDD-232.91

Índices para catálogo sistemático:
1. Mariologia: Teologia cristã   232.91

LINA BOFF

MARIOLOGIA

Interpelações para
a vida e para a fé

EDITORA
VOZES

Petrópolis

© 2007, 2019, Editora Vozes Ltda.
Rua Frei Luís, 100
25689-900 Petrópolis, RJ
www.vozes.com.br
Brasil

Todos os direitos reservados. Nenhuma parte desta obra poderá ser reproduzida ou transmitida por qualquer forma e/ou quaisquer meios (eletrônico ou mecânico, incluindo fotocópia e gravação) ou arquivada em qualquer sistema ou banco de dados sem permissão escrita da editora.

CONSELHO EDITORIAL

Diretor
Gilberto Gonçalves Garcia

Editores
Aline dos Santos Carneiro
Edrian Josué Pasini
Marilac Loraine Oleniki
Welder Lancieri Marchini

Conselheiros
Francisco Morás
Ludovico Garmus
Teobaldo Heidemann
Volney J. Berkenbrock

Secretário executivo
João Batista Kreuch

Editoração: Fernando Sergio Olivetti da Rocha
Diagramação: Sheilandre Desenv. Gráfico
Revisão gráfica: Silvana Moraes
Capa: Renan Rivero

ISBN 978-85-326-5986-6

Editado conforme o novo acordo ortográfico.

Este livro foi composto e impresso pela Editora Vozes Ltda.

Sumário

Apresentação à segunda edição, 7
Prefácio, 11
Abreviaturas e siglas, 13
Introdução, 15
1. A vida na sua dimensão feminina e masculina – Partindo da teologia de Lucas-Atos, 19
2. A vida e a interpelação das massas pobres e excluídas – Partindo do Magnificat (Lc 1,46-55), 63
3. Resgatar a humanidade de Maria é colocar as grandes questões do feminino – Partindo da *Marialis Cultus*, 95
4. Por que o povo coroa Maria – Partindo do NT e de Puebla, 131
Referências, 169
Índice, 177

Apresentação à segunda edição

Uma coleção de teologia, escrita por autores brasileiros, leva-nos a pensar a função do teólogo no seio da Igreja. Tal função, só pode ser entendida como atitude daquele que busca entender a fé que professa, e, por isso, faz teologia. Esse teólogo assume, então, a postura de produzir um pensamento sobre determinados temas, estabelecendo um diálogo entre a realidade vivida e a teologia pensada ao longo da história, e se caracteriza por articular os temas relativos à fé e à vivência cristã, a partir de seu contexto. Exemplo claro desse diálogo, com situações concretas, são Agostinho ou Tomás de Aquino, que posteriormente tiveram muitas de suas teorias incorporadas à doutrina cristã-católica, mas que a princípio buscaram estabelecer um diálogo entre a fé e aquele determinado contexto histórico. Como conceber um teólogo que se limita a reproduzir as doutrinas pensadas ao longo da história? Longe de ser alguém arbitrário ou que assuma uma posição de déspota, o teólogo é aquele que dialoga com o mundo e com a tradição. Formando a tríade teólogo-tradição-mundo, encontramos um equilíbrio saudável que faz com que o teólogo ofereça subsídios para a fé cristã, ao mesmo tempo que é fruto do contexto eclesial em que vive.

Outra característica que o acompanha é a de ser filho da comunidade eclesial, e como tal, deve fazer de seu ofício um serviço aos cristãos. Se consideramos que esses cristãos estão inseridos em realidades concretas, cada teólogo é desafiado a oferecer pistas, respostas ou perspectivas teológicas que auxiliem na construção da identidade cristã que nunca está fora de seu contexto, mas acontece justamente na relação dialógica com ele. Se o contexto é sempre novo, também a teologia se renova. Por isso o teólogo olha novos horizontes e desbrava novos caminhos a partir da experiência da fé.

O período do Concílio Vaticano II (1962-1965) consagrou novos ares à teologia europeia, influenciada pela *Nouvelle Théologie*, pelos movimentos bíblicos e litúrgicos, dentre outros. A teologia, em contexto de modernidade, apresentou sua contribuição aos processos conciliares, sobretudo na perspectiva do diálogo que ela própria estabelece com a modernidade, realidade latente no contexto europeu. A primavera teológica, marcada por expressiva produção intelectual e pelo contato com as várias dimensões humanas, sociais e eclesiais, também chega à América Latina. As conferências de Medellín (1968) e Puebla (1979) trazem a ressonância de vários teólogos latino-americanos que, diferente da teologia europeia, já não dialogam com a modernidade, mas com suas consequências, vistas principalmente no contexto socioeconômico. Desse diálogo surge a Teologia da Libertação e sua expressiva produção editorial. A Editora Vozes, nesse período, foi um canal privilegiado de publicações, e produziu a coleção *Teologia & Libertação* que reuniu grandes nomes na perspectiva da teologia com a realidade eclesial latino-americana. Também nesse período, houve uma reformulação conceitual na *REB* (Revista Eclesiástica Brasileira), organizada pelo ITF (Instituto Teológico Franciscano), sendo impressa e distribuída pela Editora Vozes. Ela deixou de ser canal de formação eclesiástica para se tornar um meio de veiculação da produção teológica brasileira.

Embora muitos teólogos continuassem produzindo, nas décadas do final do século XX e início do XXI, o pensamento teológico deixou de ter a efervescência do pós-concílio. Vivemos um momento antitético da primavera conciliar, denominado por muitos teólogos como inverno teológico. Assumiu-se a teologia da repetição doutrinária como padrão teológico e os manuais históricos – muito úteis e necessários para a construção de um substrato teológico – que passaram a dominar o espaço editorial. Essa foi a expressão de uma geração de teólogos que assumiu a postura de não mais produzir teologia, mas a de reafirmar aspectos doutrinários da Igreja. O papado de Francisco marcou o início de um novo momento, chancelando a produção de teólogos como Pagola, Castillo, e em contexto latino-americano, Gustavo Gutiérrez. A teologia voltou a ser espaço de produção e muitos teólogos passaram a se sentir mais responsáveis por oferecerem ao público leitor um material consonante com esse momento.

Em 2004, o ITF, administrado pelos franciscanos da Província da Imaculada, outrora responsável pela coleção *Teologia & Libertação* e ainda responsável pela *REB*, organizou a coleção *Iniciação à Teologia*. O Brasil vivia a efervescência dos cursos de teologia para leigos, e a coleção tinha o objetivo de oferecer a esse perfil de leitor, uma série de manuais que exploravam o que havia de basilar em cada área da teologia. A perspectiva era oferecer um substrato teológico aos leigos que buscavam o entendimento da fé. Agora, em 2019, passamos por uma reformulação dessa coleção. Além de visarmos um diálogo com os alunos de graduação em teologia, queremos que a coleção seja espaço para a produção teológica nacional. Teólogos renomados, que têm seus nomes marcados na história da teologia brasileira, dividem o espaço com a nova geração de teólogos, que também já mostraram sua capacidade intelectual e acadêmica. Todos eles têm em comum a característica de sintetizarem em seus manuais a produção teológica que é fruto do trabalho.

A coleção *Iniciação à teologia*, em sua nova reformulação, conta com volumes que tratam das Escrituras, da Teologia Sistemática, Teologia Histórica e Teologia Prática. Os volumes que estavam presentes na primeira edição serão reeditados; alguns com reformulações trazidas por seus autores. Os títulos escritos por Alberto Beckhäuser e Antônio Moser, renomados autores em suas respectivas áreas, serão reeditados segundo os originais, visto que o conteúdo continua relevante. Novos títulos serão publicados à medida que forem finalizados. O objetivo é oferecermos manuais às disciplinas teológicas, escritos por autores nacionais. Essa parceria da Editora Vozes com os teólogos brasileiros é expressão dos novos tempos da teologia, que busca trazer o espírito primaveril para o ambiente de produção teológica, e, consequentemente oferecermos um material de qualidade, para que estudantes de teologia, bem como teólogos e teólogas buscam aporte para seu trabalho cotidiano.

Welder Lancieri Marchini
Editor teológico, Vozes
Organizador da coleção

Francisco Morás
Professor do ITF
Organizador da coleção

Prefácio

O Concílio Vaticano II demarca o entendimento da figura de Maria dentro da perspectiva eclesiológica. A possibilidade de um documento próprio acerca de Maria, a princípio intitulado *De Beata Virgine*, contrapõe-se ao seu entendimento dentro do esquema *De Ecclesia* que, posteriormente, seria rejeitado pelos padres conciliares que optaram pelas perspectivas eclesiológicas que deram origem à *Lumen Gentium*. Contudo, ficaria a decisão dos padres conciliares pelo entendimento de Maria como exemplo de cristã, o que significou também um deslocamento da mariologia entendida como disciplina teológica.

Com a promulgação da *Lumen Gentium* e com o entendimento da Igreja como Corpo Místico de Cristo e como Povo de Deus, os estudos e entendimentos de Maria receberam novos contornos e entendimentos que, necessariamente passam pela perspectiva cristológica e pela função de Maria no processo salvífico. Maria é entendida dentro e com a Igreja. As construções doutrinárias de Maria passaram a ser lidas, principalmente no contexto latino-americano, passaram a ser lidas em perspectiva antropológica, o que se baseou, sobretudo, na maneira como os evangelhos retratam a mulher de Nazaré.

Em contexto latino-americano a figura de Maria passou pela experiência da religiosidade popular, mas também pelo novo entendimento do feminino. Ela passou a ser exemplo para várias mulheres que se destacavam como liderança nas comunidades católicas e na sociedade. O canto do Magnificat (Lc1,46-56) passa a ser lido na perspectiva da mulher que assume seu protagonismo.

A obra de Lina Boff cumpre um importante papel na perspectiva mariológica. Os poucos textos bíblicos acerca da mulher de Nazaré são lidos no prisma da expressão feminina de Deus e da mulher de atuação eclesial. As características e atitudes que nos evangelhos são atribuídas a Maria, são pormenorizadas em um trabalho feito com muita delicadeza e cuidado. Revela-se, nesta obra, uma faceta de Maria que dialoga com os cristãos da atualidade: uma mulher que nas escrituras passou a ser sinônimo daquela que assume em sua historicidade a mensagem de Jesus. Maria é sinal da concretização da mensagem do evangelho.

Welder Lancieri Marchini
Editor teológico, Vozes
Organizador da coleção

Francisco Morás
Professor do ITF
Organizador da coleção

Abreviaturas e siglas

AT Antigo Testamento
CEBs Comunidades Eclesiais de Base
CRB Conferência dos Religiosos do Brasil
DP Documento de Puebla: A evangelização no presente e no futuro da América Latina
LG *Lumen Gentium* – Constituição dogmática sobre a Igreja
LC *Libertatis Conscientiae* – Instrução sobre a liberdade cristã e a libertação
MC *Marialis Cultus* – Exortação apostólica sobre o culto a Maria
NT Novo Testamento
OSM Ordem dos Servos de Maria
RM *Redemptoris Mater* – Carta encíclica sobre a Mãe do Redentor
SD Santo Domingo
TMA Advento do Terceiro Milênio – Carta apostólica

Introdução

A temática central deste livro que ora apresento está sintetizada no próprio título: *Mariologia* – Interpelações para a vida e para a fé. Os quatro capítulos que formam a estrutura interna do livro estão intimamente conectados entre si por este título. Eles têm como objetivo dar um sentido teológico às manifestações de vida e de fé dos nossos povos numa perspectiva mariológica da qual nasce a nossa Mariologia latino-americano-caribenha. Esta encontra-se mesclada com a nova antropologia continental que está nascendo e a cultura popular permeada de elementos arquetípicos femininos sem nenhuma exclusão das expressões da dimensão masculina de uma espiritualidade vivida no próprio contexto.

O primeiro capítulo quer ser uma contribuição da teologia que nasce da obra de Lucas-Atos. Lucas é o evangelista que mais faz Maria falar. Ele atribui a Maria frases, gestos e expressões densas de significado para a nossa Mariologia. Fala da Mulher de Nazaré e a coloca em diferentes situações que abrem vertentes para que se faça uma Mariologia bem contextualizada. As várias experiências que inspiraram a elaboração desse capítulo mostram a vida e a fé dos nossos povos. Lucas é o único evangelista que coloca Maria na Igreja nascente quando fala da vinda do Espírito Santo no dia de Pentecostes no livro dos Atos dos Apóstolos. É esse mesmo Espírito que continua presente hoje nas nossas comunidades que vivem a fé cristã e cultuam a Virgem.

O segundo capítulo – A vida e a interpelação das massas pobres e excluídas – centraliza-se no aprofundamento teológico e pastoral do Cântico do Magnificat proclamado por Maria, o qual nos interpela para uma vida nova que passa pela mística evangélica. Esse cântico colocado nos lábios de Maria é denso de sentido para que se elabore uma Mariologia que brote da fé e da mística que nos impulsiona à militância na construção de uma sociedade justa e livre do empobrecimento progressivo, da fome do pão nosso de cada dia, para estarmos abertos ao pão da Palavra que sacia para sempre.

O terceiro capítulo – Resgatar a humanidade de Maria – trata de colocar em linguagem inteligível e de fácil interpretação a feliz Exortação Apostólica de Paulo VI – *Marialis Cultus* –, publicada em 1974. A *Marialis Cultus* veio a propósito, logo depois que se constatou as várias e diferentes reações de grandes teólogos sobre a Mariologia. A reação de tais teólogos se manifestou em várias revistas, inclusive a *Concilium*, "decretando" a morte da Mariologia com a aplicação do Vaticano II. Neste ensinamento Paulo VI articula de maneira muito feliz a questão da cultura e da inculturação do culto devido a Maria, como a Mulher que soube viver no seu contexto e inserir-se no mistério de Cristo, porque foi uma mulher que acreditou naquilo que o Senhor lhe disse. É nesse sentido que o ensinamento da *Marialis Cultus* resgata a humanidade de Maria, colocando ao mesmo tempo as grandes questões do feminino. Estas interpelam a sociedade e a própria Igreja Católica.

Finalmente, o último capítulo – Por que o povo coroa Maria – tem como objetivo aprofundar o sentido teológico da coroação de Maria, como expressão de vida e de fé que se inspiram na comunidade eclesial da qual Maria é membro eminente pela função que desempenhou na História da Salvação. Como comunidade de fé somos um reino de sacerdotes e uma nação santa (cf. Ex 19,6). Por ser uma mulher do povo ela participa da realeza desse povo.

A partir dessa ideia central, presente na pregação de Jesus, é que se deve apreender e compreender por que o povo coroa Maria. Maria é coroada porque está a serviço das pessoas mais pobres e excluídas. No mistério da Encarnação ela se dispõe como a serva do Senhor. Com razão Puebla afirma:

> Deus se fez carne por meio de Maria, começou a fazer parte de um povo, constituiu o centro da história. Ela é o ponto de união entre o céu e a terra. Sem Maria desencarna-se o Evangelho, desfigura-se, transforma-se em ideologia, em racionalismo espiritualista (DP 301).

Lina Boff
Pós-doutorada e docente de Teologia Sistemática
Rio de Janeiro, Tempo da V Celam de Aparecida de 2007

1
A vida na sua dimensão feminina e masculina
Partindo da teologia de Lucas-Atos

I - Explicações introdutivas

A nossa prática pastoral, hoje, enfrenta muitos e variados desafios. Um deles é o desafio do marianismo popular das nossas comunidades de fé. Levando-se em conta experiências feitas com grupos de mulheres e movimentos cristãos, este desafio apresenta estreita relação com a questão do feminino e do masculino como expressão de toda a raça humana, questão esta refletida e aprofundada por mulheres teólogas, pastoralistas, militantes e teólogos também.

Falar da dimensão feminina da vida como contribuição da teologia lucana evoca falar de Maria e das muitas "Marias" que hoje exprimem o modo feminino com que Deus trata seu povo. Por isso a presente abordagem sustenta a seguinte posição: *O feminino de Deus é uma imagem do amor total e radical de Deus como comunidade de amor que se revela em Jesus Cristo pelo Espírito Santo. Dentro das relações humanas este amor pode se expressar seja no modo de ser feminino, seja no modo de ser masculino da pessoa humana.* Reconhecemos que a linguagem desta dimensão do amor está presente nos homens, nas mulheres, no mundo, na criação e em Deus como comunidade que se relaciona para dentro e para fora, no amor.

Com esse estudo não se pretende dar respostas ou sugerir práticas estratégicas diante dos diferentes desafios, mas partilhar uma preocupação comum de muitos e muitas pastoralistas, teólogas e teólogos. Esta partilha poderá nos motivar para uma abertura profética, considerando-se o grande significado que tem a espiritualidade popular inspirada na mulher do povo de Nazaré, Maria, a mãe de Jesus, o Filho de Deus Pai.

Os fundamentos desta nossa posição vamos encontrá-los na extensa obra de Lucas-Atos. O evangelista faz a Mãe de Jesus falar quatro vezes[1] e o próprio teólogo escreve uma narrativa de Maria de Nazaré bastante significativa, nomeando-a por mais de doze vezes[2].

A nossa investigação não pretende oferecer resultados definitivos. Trata-se de buscar uma melhor e mais adequada compreensão dos textos neotestamentários que falam da figura de Maria na obra de Lucas-Atos[3]. Por esta razão o estudo aqui apresentado quer ser uma contribuição à teologia feita na perspectiva mariológica, à prática pastoral e à nossa própria vivência da fé (espiritualidade). Não se quer entrar na questão da dogmática mariológica propria-

---

1. Lucas atribui a Maria estas palavras: Como se fará isso? (1,34). Eis a serva do Senhor! Faça-se! (1,38). Minha alma exalta o Senhor! (1,47-55). Por que agiste assim conosco? (2,48).

2. De Maria Lucas tece estes comentários: Maria fica intrigada e pensa (1,29). Maria se põe a caminho (1,39ss.). Maria dá à luz (12,6ss.). Maria ausculta e medita (2,19.33); cumpre a lei (2,39); vai ao templo (2,41), faz tudo junto com José. Com os parentes, a família mais alargada, o evangelista fala de Maria através de pessoas do povo que dão testemunho ao ouvirem a palavra de Jesus. Em 8,19-21, Maria aparece com os irmãos de Jesus. E em 11,27-28, uma mulher do povo proclama Maria como mulher bem-aventurada.

3. Quando falamos de Lucas-Atos entendemos nos referir ao Evangelho seguido do livro dos Atos dos Apóstolos. Lucas, no caso, indicaria o Evangelho e Atos indicaria o livro dos Atos dos Apóstolos. Esta é a tendência dos últimos anos de alguns exegetas e teólogos bíblicos de chamar a obra inteira do evangelista.

mente dita, mas na vivência da fé cristã que se inspira em Maria e que dá origem, quase sempre, no nosso marianismo popular. Este pode evocar muito mais a emoção e o sentimento do que a harmonia que devemos cultivar entre fé e razão.

A nossa investigação reflexiva tem como ponto de partida a imagem cristã de Deus e da pessoa humana, reflexão que se serve dos conhecimentos hodiernos das ciências antropológicas culturais do pensamento tradicional – ideias patriarcais –, para aproximar-se teológica e pastoralmente dos textos bíblicos. Tudo isso sempre em harmonia com as afirmações doutrinárias feitas pelos próprios textos na interpretação do magistério eclesial (NAVARRO, 1994: 21-29; SANTISO, 1993: 90-94). Por essa motivação de fundo optamos por começar falando da dimensão feminina da vida como contribuição à teologia da narrativa de Lucas-Atos, partindo da vida, do relacionamento humano e do discipulado de Maria de Nazaré; mulher que nos precede na experiência de relação com Deus Trindade e com a pessoa de Jesus Cristo, Filho de Deus por obra do Espírito Santo.

1. Método de trabalho (BOFF, Leonardo, 1980: 23ss.)

Para falarmos de Maria e de como ela expressa a dimensão feminina de Deus enquanto Comunidade Trinitária, optamos pela obra de um único evangelista sinótico, Lucas, como já falamos acima, e o fazemos sem exclusões. Sua obra, a mais extensa dos outros – Marcos e Mateus –, faz uma referência a Maria, mãe de Jesus, como mulher do tempo do Espírito de Pentecostes, a mulher inserida na primeira comunidade de fé, a mulher de atuação eclesial (Lc 1,12-14). Esta narrativa só se encontra em Lucas-Atos, isto é, no Evangelho e no livro dos Atos dos Apóstolos.

O nosso objetivo por esta escolha assim afunilada quer levar em consideração três coisas que nos interessam. São estas:

- falar de Maria relacionada com as Pessoas da Comunidade Trinitária;
- desentranhar os níveis de profundidade da reflexão teológica mariana de Lucas-Atos a partir das palavras que ele atribui a Maria de Nazaré;
- desvelar a riqueza do significado da narrativa que Lucas faz sobre as atitudes e o comportamento que Maria assumiu diante dos fatos e a partir dos gestos feitos por ela.

No contexto de considerar Maria uma pessoa relacionada com as Pessoas da Trindade, os níveis de profundidade da nossa reflexão são encontrados na forma literal do próprio texto lucano[4]. Tais níveis estão contidos nas palavras e expressões que o evangelista atribui a Maria. Dos textos lucanos aprofundaremos, portanto, aqueles que brotam destas palavras e expressões a ela atribuídas, como:

- mulher de diálogo;
- pessoa disponível;
- enraizada em seu contexto sociocultural e religioso;
- mulher profética que opta pelos deserdados.

No segundo caso queremos chegar à riqueza escondida nos comentários narrativos que o evangelista faz sobre Maria, considerando-a seja como mãe de Deus que se revela em Jesus pelo Espírito, seja como mulher do povo de seu tempo.

Para sermos claros em nossa exposição, queremos antes de tudo começar com algumas conceituações básicas extraídas das ciências do social e vistas na perspectiva da reflexão teológica (VV.AA., 1995: 73-90; NEVES, 1987: 151-157; OLIVEIRA, 1992: 51-110).

---

4. Queremos deixar claro o seguinte: todas as perícopes, palavras e citações tomadas como estudo para a nossa reflexão, pressupõem o quadro determinado pela exegese bíblica dentro do qual se deve ler e interpretar o texto. Este quadro não será apresentado, mas pressuposto. A interpretação será feita sempre na ótica de uma teóloga.

2. Conceituações básicas

Estas querem ser de corte antropológico, sociocultural e psicológico. As três dimensões pervadem a nossa posição e tecem o transfundo de todo labor teológico feito na perspectiva mariana.

O feminino e o masculino são uma dimensão da pessoa humana criada à imagem e semelhança de Deus (Gn 1–2), fonte de perfeição para o homem e para a mulher. Por isso, tanto o feminino como o masculino podem ser empregados como imagens para indicar o mistério divino (BINGEMER, 1986: 78-85). O mistério desse Deus criador da raça humana, que se expressa através das imagens do ser feminino e do ser masculino, não é entendido na sua plenitude porque transcende as duas imagens, de forma que nós, na nossa limitação humana, não conseguimos sequer imaginar (JOHNSON, 1995: 75-90).

Contudo, no universo humano e cultural do nosso tempo, sente-se a necessidade de explicitar e também afirmar de que há uma diferença de ordem ontológica natural no modo de ser masculino e no modo de ser feminino de Deus e da raça humana, imagem e semelhança desse Deus. Esta dimensão de todos os seres, seja aqueles espirituais, seja aqueles materiais, tem propriedades gerais em comum, como a existência, a possibilidade, a duração (ABBAGNANO, 1993: 577s., verbete "Metafísica"). O livro do Gênesis explicita esse conceito e o aproxima de nós porque o formula muito ligado à vida e a terra. Vejamos a citação do autor sagrado:

> Deus criou o homem à sua imagem, à imagem de Deus Ele o criou; criou-os macho e fêmea (Gn 1,27).

O feminino e o masculino são imagens que apontam para o mistério divino, sem contudo representá-lo na sua plenitude de doação e amor. Tendo como base esse conceito tentaremos explicar o que significa para nós, neste estudo, o feminino de Deus na mulher, Maria de Nazaré.

3. O que entendemos por "feminino de Deus"

O feminino de Deus é uma imagem do amor de Deus à raça humana. Esta imagem encontra sua expressão mais alta na pessoa de Jesus Cristo que nos fala diretamente do amor total e radical de Deus para conosco nos fatos históricos do mistério da Encarnação (Lc 1–2), e a partir do evento Pentecostes (At 2), momento em que nos doa seu Espírito.

Nestes fatos se destaca a presença atuante de Maria com a Comunidade Trinitária. Pelo Espírito esta mulher vem relacionada diretamente com a pessoa de Jesus. Deste modo Maria de Nazaré se torna símbolo que encarna e dinamiza a dimensão feminina de Deus na pessoa, na vida, no anúncio missionário e na prática do próprio Jesus Cristo. Maria torna-se assim, o lugar unitivo que fala da dádiva divina e da receptividade humana como temática do feminino e como face atraente e unitiva das pessoas e de toda a criação (CHEVALIER & GHEERBRANT, 1993: 421).

Pode-se afirmar que só se consegue falar do feminino de Deus através de imagens que apontam para o mistério divino, pois este ultrapassa a nossa limitada capacidade de compreendê-lo e de assimilá-lo na sua plenitude (FORTE, 1991: 143ss.).

Prosseguindo nesse estudo queremos evidenciar o modo de ser masculino e o modo de ser feminino da pessoa e da atuação do próprio Jesus como revelação de Deus pelo Espírito –, através dos seus ensinamentos, parábolas e gestos. Exemplos marcantes de tais ensinamentos são, por exemplo, as parábolas utilizadas por Lucas no seu evangelho.

A atitude de Jesus para com a viúva de Naim (Lc 7,13) é de compaixão e de solidariedade. Os gestos de Jesus para com a pecadora (Lc 7,44.48) são de misericórdia e perdão diante da força do amor e dos sinais de afeição demonstrados com relação a ele.

Nas parábolas de misericórdia (Lc 15) em que aparece a imagem da mulher que se alegra com a dracma encontrada e junta as vizinhas para festejar (Lc 15,9-10) e na parábola do pastor que deixa tudo para ir em busca da ovelha transviada (Lc 15,5-6), são imagens equivalentes do masculino e do feminino através das quais Jesus nos dá a conhecer o modo de ser do Pai, seja na dimensão feminina, seja na masculina (JOHNSON, 1995: 92).

No quadro desta hermenêutica não entendemos dizer que a compaixão, a solidariedade, a misericórdia e o perdão sejam exclusivos do modo de ser feminino e, portanto, atribuir tais gestos, práticas e sentimentos somente às mulheres. Estas atitudes concretas são encontradas tanto nos homens como nas mulheres, pois pertencem à ordem da natureza humana criada e aperfeiçoada pelo espírito de Deus que se fez carne e se fez pessoa relacionada com toda a raça humana na pessoa de Jesus Cristo, Primogênito da Nova Criação.

4. Maria, imagem do feminino

No campo da reflexão teológica feita na ótica da mulher, discute-se a questão de Deus Pai, de Deus Mãe (VV.AA., 1974 [todo o número, que é monográfico]), questão que se expressa através de uma linguagem padronizada em relação a Deus. As metáforas que dizem respeito a Deus são literalmente masculinas. É desse contexto que fazemos a nossa colocação de corte antropológico, sociocultural e psicológico.

O nosso intento é nos inspirar nas palavras e no comportamento de Maria de Nazaré, enquanto aproximação do mistério todo de Deus. Por isso a nossa atenção estará voltada para as imagens e para os nomes que identifiquem o mistério divino de forma inclusiva, Deus que se manifesta no seu modo de ser feminino e masculino.

Tais imagens e nomes têm o objetivo, neste estudo, a de evocar o mistério de Deus que transcende o masculino e o feminino e as questões nas quais entra o problema do gênero. O mistério de Deus está além e acima das imagens, dos nomes que lhe atribuímos e ultrapassa as experiências humanas de fé.

Dentro desse contexto levantamos a pergunta: Partindo da obra lucana, como Maria de Nazaré, no seu modo de ser, aponta para a plenitude de Deus que cria e redime indistintamente a mulher e o homem?

II - As palavras que Lucas atribui a Maria de Nazaré

O evangelista vétero-testamentário traça a figura de Maria como sendo uma mulher que toma iniciativas diante das propostas de serviço que lhe são feitas, uma mulher que pensa, que questiona aquilo lhe é pedido, uma mulher que se indispõe com aquilo que não compreende por si mesma e uma mulher que sabe silenciar diante do mistério insondável da Palavra divina.

Ao falarmos assim de Lucas não entendemos dizer que ele seja o evangelista das mulheres ou tenha usado uma linguagem menos patriarcal que os outros evangelistas. Antes, queremos evidenciar, que dentre as mulheres que integram o grupo dos seguidores de Jesus (Lc 8,1-3) e o grupo originário de Jerusalém, Lucas destaca a figura de Maria como Mãe de Jesus (At 1,12-14).

Como as outras suas companheiras, Maria recebe o Espírito do Senhor ressuscitado. Na hora de darem seu testemunho dessa experiência como o fez Pedro, que começou a pregar a grupos de várias nacionalidades (At 2,14ss.), Lucas silencia completamente a presença e a atuação de Maria e das outras mulheres nomeadas por ele mesmo pouco antes (BOFF, Lina, 1996: 127).

Vamos nos deter no modo de ser de Deus manifestado em Maria através das palavras que Lucas atribui a ela e através da narrativa e do comentário que o próprio evangelista faz dela. Trabalharemos o sentido teológico mariano das citações lucanas e tomaremos como recurso básico a linguagem dos fatos que expressam a experiência de Deus, Comunidade de Amor que se manifesta ao seu povo através dos gestos e do comportamento de uma mulher muito ligada ao seu povo, a Mãe de Jesus.

1. Maria e o modo de ser de Deus

Levaremos em consideração aqui as palavras que Lucas atribui a Maria diretamente, fazendo-a falar em primeira pessoa. Descobrimos então, em Maria, a pessoa aberta ao diálogo; a pessoa disponível; enraizada na cultura de seu tempo; e a pessoa que proclama a justa vingança de Deus.

a) A pessoa aberta ao diálogo

A primeira vez que Lucas faz Maria falar é quando ela recebe a notícia de que vai ser a Mãe de Jesus (Lc 1,31). A Tradução Ecumênica da Bíblia (TEB), ao narrar o diálogo que o anjo teve com Maria, nos dá a seguinte versão:

> Como se fará isso, visto que não tenho relações conjugais? (Lc 1,34).

Aqui, nesta resposta dada por Maria ao próprio Deus que entra em diálogo com ela através de uma teo-fania – o anjo –, ela nos dá a conhecer o modo de ser feminino e masculino de Deus com relação à pessoa humana. A concepção de um ser humano não pode ser contribuição nem só da mulher e nem só do homem, mas da mulher e do homem juntos. A fala de Maria, que objeta sobre o modo como isso se dará nela, nos leva a re-pensar e re-imaginar a imagem de Deus que recebemos e todavia continuamos alimentando (JOHNSON, 1995: 93).

Com tal objeção pode-se dizer que Maria nos mostra um Deus que irrompe como um Deus pessoal, capaz de entrar em relação com as pessoas. Um Deus que manifesta o seu modo de ser feminino e masculino como caminho novo a ser feito juntos. O ser mulher e o ser homem passam a ter então um novo conteúdo: o de viver o novo céu e a nova terra ainda não descobertos e que a mulher e o homem já estão buscando (GREGORI, 1993; 487-489).

Significa dizer que as reflexões sobre o caráter masculino e/ou feminino de Deus serão antes de tudo uma consequência e não uma base da reflexão teológica feita a partir da recíproca relação entre homem e mulher à luz da relação comunicativa das Pessoas Trinitárias e à luz do ser humano integrado (LANGEMEYER, 1990: 751).

b) A pessoa disponível: SIM

A segunda palavra que Lucas atribui a Maria acentua o SIM que ela dá ao serviço e ao acolhimento da missão que nasce de tal serviço. Vejamos a citação lucana.

> Eu sou a serva do Senhor. Faça-se tudo a mim segundo a tua palavra! (Lc 1,38).

O modo de ser de Deus nesta palavra atribuída a Maria é tipicamente feminino. Deus aqui se dá a conhecer através do serviço que preside todo o processo da redenção humana e cósmica e através do acolhimento da Palavra do Senhor não só na vida existencial desta mulher, como no seu próprio corpo no qual ela dá espaço ao Mistério da Encarnação pelo Espírito (BOFF, Leonardo, 1980: 51).

Ora, a dimensão do serviço e do acolhimento podem estar mais acentuados no modo de ser e de fazer da mulher, o que não exclui a atuação do modo de ser e de fazer do homem. No nosso caso, Lucas apresenta Maria como a serva do Senhor.

O evangelista recorre às alegorias e imagens vétero-testamentárias, para dizer o que tinha em mente. Sabe-se que uma de suas fontes é a historiografia e a estrutura de tais relatos apresentam elementos significativos de ligação com os episódios e narrativas do AT (LAURENTIN, 1970: 31ss.).

E aqui nos remetemos à imagem do Servo de Javé utilizada pelo profeta no capítulo 42 da sua obra na qual fala do Servo como o eleito, e sobre ele repousa o Espírito do Senhor para falarmos das raízes culturais e religiosas de Maria de Nazaré.

c) A pessoa enraizada na cultura e na religião de seu povo

O Servo descrito pelo profeta acolhe a convocação de servir ao povo de Israel e assume as consequências advindas de tal serviço. No Novo Testamento a reflexão teológica atribui esta imagem a Jesus, que veio para servir e por isso acolheu o plano do Pai com a finalidade de redimir a todos e a todas[5].

Queremos evidenciar as características de natureza feminina do serviço e do acolhimento do Servo apresentado pelo profeta e que neste Servo pode-se vislumbrar a missão de Jesus.

> Não gritará, não levantará o tom, não fará ouvir na rua o seu clamor; não quebrará o caniço rachado, não apagará a mecha que ainda fumega (Is 42,2-3).

Certamente o terceiro evangelista não tiraria as reflexões teológicas que nós hoje estamos tirando em seu modo específico de elaborar o discurso da fé na ótica mariológica; e não estaria também na intenção dele chegar a tais reflexões. Sabemos hoje que os estudos exegéticos atuais vêm se deixando desafiar por inúmeras questões levantadas pela hermenêutica feminista.

---

5. Não desconhecemos as críticas dos exegetas e teólogos para esta interpretação.

Tais estudos confirmam a presença e a atuação de mulheres ao longo da história da salvação e sobretudo nas comunidades de fé do cristianismo primitivo (Livro dos Atos). Maria de Nazaré, que representa a passagem da atuação da mulher do AT para o NT, o qual mantém suas raízes originárias no primeiro, não foge à regra de todas as mulheres da estirpe de Sara e de Abraão, e por que não dizer da estirpe de Agar (CRB, 1990: 30-32, 35-37)[6]. Maria de Nazaré é a mulher que serve e que acolhe a convocação para o serviço. Todas as matriarcas que antecedem a Maria de Nazaré, dentro do seu contexto, servem ao plano maior, que é o plano da salvação, e o fazem a seu modo e dentro das limitações impostas pelos processos históricos de seu tempo e no respeito da caminhada de seu povo.

Maria está colocada na mesma linhagem das matriarcas que a precedem e cabe a ela, neste momento histórico e dentro da caminhada do povo de Israel ao qual pertence, levar à plenitude o plano maior de Deus que já vinha sendo realizado por etapas pelas suas predecessoras. Com o mesmo espírito que move suas companheiras de caminhada, Maria de Nazaré pronuncia o seu FIAT e o plano maior, que é o plano salvífico de Deus, dá início à sua plenitude no Mistério da Encarnação, o qual se faz presente e atuante nela, como se fez na vida silenciosa e ao mesmo tempo clamorosa do Servo descrito por Isaías no capítulo 42.

A mulher da pobre Nazaré faz este serviço e acolhe esta missão com o seu modo próprio de ser mulher. Com tal comportamento nos dá a conhecer que o Senhor, a quem se entrega com confiança, tem para com ela um modo de ser Mãe e um modo de ser Pai. Por que falamos assim? A resposta desta pergunta vamos encontrá-la no cântico do Magnificat que Lucas põe na boca de Maria por ocasião de sua visita de ajuda e apoio à sua prima Isabel.

---

6. A história de Agar nasce em contexto de opressão: mulher, pobre, estrangeira e escrava que se vende para garantir a descendência de Abraão e Sara.

d) A pessoa que proclama a justa vingança de Deus

As palavras do Magnificat (BOFF, Clodovis, 2006: 333s.) atribuídas a Maria nos falam em alta voz do modo de ser feminino e masculino de Deus. Em palavras mais simples podemos dizer que o Magnificat lucano inspirado no cântico da matriarca Ana, mãe de Samuel (1Sm 2,1-11), celebra a inversão das condições estéreis de seu povo, transformando-as em condições históricas de benefício. Os fatos que Maria proclama neste cântico nos dão a entender seja o lado feminino, seja o lado masculino de Deus (BOFF, Lina, 1995: 110-125). Vejamos algumas expressões típicas deste cântico.

Expressões atribuídas ao modo de ser feminino:

- a sua bondade se estende de geração em geração sobre aqueles que o temem (Lc 1,50);
- e exaltou os humildes (Lc 1,52);
- os famintos ele cobriu de bens (Lc 1,53);
- veio em socorro de Israel seu Servo, lembrado de sua bondade (Lc 1,54).

Expressões atribuídas ao modo de ser masculino:

- Ele interveio com toda a força do seu braço, dispersou os homens de pensamento orgulhoso (Lc 1,51);
- precipitou os poderosos de seus tronos (Lc 1,52);
- e os ricos despediu-os de mãos vazias (Lc 1,53).

E assim poderíamos continuar encontrando outras formas do ser feminino do Deus proclamado por Maria neste cântico.

No Magnificat Maria fala de duas categorias de pobres: os humildes e os famintos (Lc 1,52-53). A fala desta mulher no Magnificat nos faz pensar de que Ela afirma ser a pobreza programada pelos poderosos; que os pobres e os humilhados são apenas um dos resultados de tal programação (BOFF, Lina, 1993: 95-115). Dentro desse quadro, propor uma mudança de situação significa desestabilizar a chamada "ordem econômica do mercado". Afirmar que este processo gerador de caos e de injustiça exige uma mudança de estruturas e de mentalidade significa dizer que a sociedade não está vivendo dignamente, mas apenas consegue sobreviver em meio a graves conflitos e contradições. Vejamos algumas dessas contradições que aparecem no Magnificat:

- humilhados e humilhadas X prepotentes;
- famintos e famintas X ricos e ricas epulões;
- empobrecidos e empobrecidas X acumuladores e acumuladoras.

Maria proclama que esta ordem econômica e social deve mudar e mudar a partir da transformação encabeçada pelos empobrecidos e empobrecidas, pelos espoliados e espoliadas, os quais encontram em Deus o Grande Sujeito de mudança, pois a revolução que Maria proclama é divina (BOFF, Lina, 1993: 110).

Deus porém age através de mediações históricas. Maria se apresenta como a Serva que acolhe o plano de Deus, e ao colocar-se do lado de seu povo ela o chama de Servo a quem Deus socorre (Lc 1,54). Hoje somos nós as servas e os servos que agem junto ao povo para transformar as situações de morte com uma mudança revolucionária, a mudança proposta no cântico mariano do Magnificat.

É possível realizar tal mudança desde o momento em que a nossa opção pelos humilhados e humilhadas, famintos e famintas seja arrancada da nossa fé que se manifesta no compromisso social. Realidade e fé, portanto, são dois elementos irrenunciáveis da dimensão missionária do nosso empenho com o projeto revolucionário proclamado por Maria, a Serva do Senhor (BOFF, Lina, 1993: 98-100).

No contexto das palavras que Lucas atribui a Maria até aqui refletimos sobre ela e o modo de ser de Deus enquanto Comunidade de Amor. O parágrafo que segue quer refletir sobre Maria e o modo de ser de Deus que ela proclama no Magnificat, este modo de ser de Deus em Jesus, que dá forma à atuação do Espírito.

2. Maria e o modo de ser de Jesus

Evidenciamos neste parágrafo a relação que Maria estabelece com Jesus nas diferentes situações de sua vida cotidiana e pública, ao lado de José. Vemos então que Maria procura seu filho no Templo; entrevemos que o casal se apresenta inserido na sociedade de seu tempo; e estas narrativas abrem caminho para uma nova hermenêutica.

a) Teu pai e eu te procuramos

Lucas narra o episódio no qual aparece pela primeira vez a fala de Jesus no Templo com seus pais. Aquilo que ele diz são palavras referidas a seu Pai como resposta à interpelação que Maria lhe faz:

> Meu filho, por que agiste assim conosco? Vê, o teu pai e eu, nós te procuramos cheios de angústia! (Lc 2,48).

A atitude, o gesto e o sentimento que sobressaem no modo de ser da mãe de Jesus nesta narrativa nos apresentam um lado típico masculino, modo de fazer do homem que objetivamente pergunta para saber o porquê das coisas e dos acontecimentos que fogem do seu controle. E outro lado tipicamente feminino, que nos dá a conhecer o mundo amoroso e terno do coração materno da mulher, mundo que se expressa muito bem na fala da mãe que diz ao filho: *o teu pai e eu, nós te procuramos cheios de angústia* (Lc 2,48).

Se entendemos que o modo de ser feminino e masculino é uma dimensão própria da pessoa humana, tanto a mulher como o homem expressam tal dimensão com as acentuações próprias do seu ser pessoa sem fazer exclusões. No episódio do encontro de Jesus no Templo, Maria é um exemplo disso.

b) Maria e José inseridos na cultura de seu tempo

Maria se apresenta, neste episódio, inserida na cultura da época. Apresenta-se junto com seu marido José, conhecido como o homem justo. A angústia que lhe tomara o coração de mãe e mulher não era uma angústia somente dela, mas era igualmente uma angústia que tomara o coração do seu marido.

Ao falar diretamente com Jesus, Maria dirige-se a ele como mãe e mulher casada. Ela está aí com seu marido em busca do filho. O evangelista acentua que a preocupação que a leva a interpelar o filho é a preocupação do casal: *[...] o teu pai e eu, nós te procuramos cheios de angústia* (Lc 2,48).

Desta expressão queremos destacar: primeiro, o artigo determinativo, *o* teu pai e eu, através do qual o evangelista sublinha a participação ativa de José nesse des-encontro. Segundo, queremos destacar o pronome pessoal *nós*, nós te procuramos, o qual funciona, nesta expressão, como um pleonasmo, como que mostrando a atuação direta e dinâmica do casal, Maria e José, e um casal que partilha a dois a vida e os contratempos da mesma.

Com este tipo de leitura interpretativa entendemos resgatar a função e o papel do casal na sociedade de cultura e religião hebraicas. Adotamos por isso uma aproximação de tipo construtivo, seja para os nossos dias, seja para o contexto sociocultural da época; Maria é casada com José e, como todas as outras mulheres do povo, partilha com o marido a vida, as preocupações e as angústias.

c) Uma leitura feminista deste quadro hermenêutico

A reflexão teológica, a historiografia e a crítica literária sempre mantiveram muita cautela e sempre demonstraram, de diferentes formas, o seu receio, "prudência" em assumir o risco de apresentar Deus com imagens e nomes provenientes do mundo cultural religioso feminino.

Acontece que, seja o magistério como a teologia encontraram ao lado desse Deus masculino uma mulher, Maria. Tanto para o magistério como para a teologia foi relativamente fácil encontrar atributos femininos negados a Deus por tanto tempo na pessoa de Maria, pois nela encontraram uma expressão pródiga do feminino de Deus (O'DRISCOLL, s.d.).

O nosso objetivo nesta encruzilhada tenta encontrar manifestações de Deus, enquanto comunidade de relação de amor em Maria através de suas atitudes, comportamento e gestos. Atitudes e gestos que apontem para o modo de ser feminino e masculino desse Deus-Comunidade, princípios vividos e experimentados seja pela mulher, seja pelo homem.

Ao propor um projeto revolucionário do tipo Magnificat, Maria nos dá a conhecer o modo enérgico e imediato de Deus agindo em favor do povo. Ora, a energia e a imediatez são qualidades mais acentuadas e desenvolvidas no homem, deixando claro que as mesmas qualidades estão presentes também na mulher, mas com manifestações distintas.

Na tentativa de empregar aqui uma linguagem inclusiva quando for possível e equivalente quando se faz necessário, entendemos dizer que neste caso Maria está mais para nos apresentar um Deus que age de maneira masculina que um Deus que age de maneira feminina. O modo de ser feminino de Deus no cântico atribuído a Maria de Nazaré não deixa de mostrar também sua expressão tipicamente feminina quando Maria fala do júbilo que invade o seu espírito por causa de Deus, seu Salvador (Lc 1,47). Quando proclama a bondade desse Deus que se estende de geração em geração (Lc 1,50). Quando lembra ao seu povo que Deus veio em socorro dele na necessidade premente de libertação (Lc 1,54).

Resumindo: o sentimento de júbilo, a força da bondade e a prontidão em prestar socorro a quem precisa são modos de ser e de agir desenvolvidos e evidenciados na dimensão humana da mulher. Repetimos: com esta nossa linguagem não queremos dizer que no homem estejam ausentes esses traços, comumente mais evidenciados na mulher que no homem. O que entendemos afirmar é que, seja o princípio masculino, seja o princípio feminino, os dois são uma dimensão da pessoa humana como criatura de Deus.

III - Lucas fala de Maria de Nazaré

Não levamos em conta aqui a narrativa lucana que fala do nome da jovem de Nazaré, *e seu nome era Maria* (Lc 1,27), nem outros tantos breves comentários que o evangelista tece de Maria. Tomamos as palavras e expressões de maior significação para a temática que nos interessa.

1. *Maria fica intrigada*

Lucas diz que Maria *ficou grandemente perturbada* (Lc 1,29) com a mensagem que recebera. O evangelista acentua a atitude de entretenimento dela em refletir sobre o que o anjo lhe dissera. Através desta reflexão a mulher de Nazaré busca penetrar o mistério da revelação divina que a surpreendeu. A perturbação de Maria e o espírito intrigado que ela nos manifesta são comportamentos próprios de toda a pessoa que se dedica ao labor de perscrutar o sentido mais profundo da palavra a partir da prática, a partir da missão que cada mulher e que cada homem realizam como serviço em meio ao povo com o qual vivem os fatos e os acontecimentos da história. Com este povo partilha-se e con-vive-se nos momentos altos e baixos do cotidiano existencial.

Pode-se levantar aqui a seguinte pergunta: O que tem a ver Maria e o feminino de Deus nesta narrativa de Lucas? A pessoa, homem ou mulher, que reflete os fatos e a vida enquanto revelação de Deus-Comunidade de Amor, esta pessoa tem como missão lançar luz sobre o cotidiano através da reflexão e da penetração da palavra e do mistério que esta palavra traz consigo (FIORENZA, 1983: 154ss.; QUÉRE, 1983: 154ss.).

Esta palavra provoca em Maria a perturbação teológica que deixa seu espírito intrigado com o mistério que tal palavra carrega consigo. Não podemos desconhecer esta atitude profunda de louvor a Deus que Maria assume e nos comunica nesta narrativa de diálogo que ela tem com o anjo como teofania de Deus[7].

Partindo da nossa realidade concreta, é esta a missão da mulher teóloga e do homem teólogo: perguntar sobre o sentido profundo da mensagem que a vida, os fatos e a história humana nos dão como modo do Deus-Comunidade se revelar a seu povo, seja através da mulher como do homem.

As perguntas que Maria faz e as questões que ela levanta a partir da mensagem auscultada são o processo pelo qual o homem e a mulher passam no labor de perscrutar a palavra e o mistério que ela traz consigo. Tal processo desencadeia o des-velamento do mistério da atuação de Deus no meio do povo e na vida de cada pessoa.

Vemos nesta narrativa do terceiro evangelista um momento alto da teologia refletida na perspectiva não só mariológica, mas igualmente um momento alto da teologia refletida numa dimensão das ciências a que já nos referimos no início desta nossa exposição: a dimensão de corte antropológico, sociocultural, psicológico e de natureza feminina e feminista.

---

[7]. Para os antigos gregos a palavra teologia significava louvor a Deus, render ao Deus verdadeiro o louvor mais perfeito.

2. *Maria pensa*

Lucas mostra Maria de Nazaré entretida em se perguntar e refletir sobre a palavra que recebera de Deus através da mensagem do anjo (cf. Lc 1,29). O comportamento dela aqui nos manifesta de que a sua busca está direcionada em penetrar o mistério dessa revelação inesperada. Ela se pergunta sobre o trajeto histórico de tal mensagem.

Maria não se deixou tomar pelo temor como Zacarias ao receber a mensagem do anjo enquanto fazia a oferenda do incenso no altar de ouro do Templo (MAGGI, 1991: 65). Lucas aqui nos deixa entrever uma Maria não atemorizada, mas motivada a penetrar a palavra e o significado que ela tem para o momento histórico em que se vive. Alguém dentro da velha história do povo de Israel quer iniciar um processo histórico totalmente novo. É o que se pode deduzir da atitude de reflexão e penetração no mistério de Deus por parte da mulher de Nazaré.

A partir desse fato – a Anunciação do Senhor –, Maria como Mãe de Deus, a *Theotokos*, é o arquétipo do feminino, no sentido de que o "feminino de Deus" se torna inteligível e visível à nossa compreensão humana da fé no mistério da Encarnação (EVDOKIMOV, 1985: 213s.).

Por esse motivo São João Crisóstomo define a Anunciação do Senhor a "Festa da Raiz", no sentido do princípio absoluto que inaugura o novo tempo presente, isto é, o novo *éon*. Para Lucas interessa comunicar que o Reino de Deus já começou. Não só ele, mas aos sinóticos interessa escreverem sua narrativa teológica servindo-se de certos elementos típicos da literatura apocalíptica, para dizerem, ou melhor, anunciarem que o presente *éon* está próximo do seu fim e o Reino de Deus chegou (EVDOKIMOV, 1985: 213s.).

O feminino de Deus se explica assim em nível da estrutura ontológica de uma mulher que não interrompe o curso histórico daquelas mulheres que a precederam, mas antes leva à plenitude a raiz feminina de Deus.

A mariologia, portanto, remonta ao mistério do seio de uma mulher que se abre para receber a semente da vida divina encarnada na natureza humana e se dispõe a acolher em seu seio, com amor incondicional, o Filho de Deus, Jesus. Nesse contexto e na imersão de tal mistério da fé nasce o ministério da mulher. Este não se encontra nas funções que ela exerce, mas está na sua própria natureza (SPINSANTIS, 1982: 300, verbete "Corpo").

3. Maria se põe a caminho

O fato de pôr-se a caminho é próprio da mulher diante da necessidade de qualquer pessoa. Agora, o fato de pôr-se a caminho *apressadamente, às pressas* (Lc 1,39), significa que ela se levantou, colocou em primeiro lugar a prática da palavra auscultada e deu um novo sentido à própria missão. Esta ainda inferia-lhe alguma dedução: a partir das considerações acerca do mistério, ela sentia-se envolvida por ele sim, mas de maneira pouco clara ainda.

Levantar-se e sair às pressas é uma atitude nem sempre atribuída à mulher. Contudo, Maria, no episódio de sua partida de Nazaré para *Ain Karem*, com a finalidade de ajudar sua prima Isabel, nos mostra que a solicitude de Deus para com todas as pessoas se expressa no modo de ser feminino através da natureza humana que tem na maternidade sua expressão mais alta, maternidade entendida e exercida em favor da vida em todos os seus níveis (COURTH, 1990: 394-399).

Enquanto a reflexão teológica se preocupa em aprofundar o sentido do envio e do mandato do Ressuscitado referente às mulheres, ora nos deparamos diante de duas delas que se antecipam consideravelmente no envio e no mandato missionários. Maria de

Nazaré e Isabel se antecipam às mulheres que chegaram a conhecer Jesus e a segui-lo na sua pregação com os apóstolos (BOFF, Lina, 1996: 42-43).

Estamos diante de Maria grávida de Jesus que se encontra com sua prima Isabel grávida de João Batista, aquele que deve preparar o caminho deste Jesus que Maria traz em seu ventre. Estamos diante do encontro das duas mulheres que fazem do seu mistério de vida uma explosão missionária (BOFF, Lina, 1994: 139).

O anúncio de Maria de pôr-se a caminho, e pôr-se *cum festinatione*, rumo à casa de Isabel, provoca o anúncio de sua prima que a proclama bendita entre as mulheres por ser a mãe do Senhor (Lc 1,42). O encontro destas duas mulheres dá início ao anúncio de uma nova era, de um novo *éon*. O sinal é este: as pessoas pobres e oprimidas são libertadas; assumem a dianteira da nova história que começa com o encontro de Deus com a natureza humana na pessoa de Jesus; Jesus chega no meio de seu povo através de uma mulher provinda desse mesmo povo (BOFF, Lina, 1994: 502-506).

No contexto dessa explosão missionária provocada pelo encontro de duas mulheres que anunciam o início de uma nova história para o povo de Israel, Maria permanece com sua prima para dar continuidade à realização do mistério que lhe fora anunciado. A demora faz parte do processo histórico anunciado por ela e por sua prima.

A constância e a fidelidade à missão recebida, mesmo que ainda não esteja bem definida e clara, motiva Maria a continuar no seu propósito de fidelidade à palavra divina e fidelidade à palavra dada, isto é, a de conservar-se na dinâmica do serviço missionário como a serva do Senhor (PERETTO, 1993: 1854s., verbete "Sierva").

Uma evidência que não se pode deixar de lado é o fato de que Maria entra na casa de Zacarias e saúda Isabel. Nada se diz da saudação dirigida a Zacarias. Ele preside a casa, mas quem cultiva o mistério que esta casa carrega dentro de si não é dado a ele, mas à sua mulher, Isabel (Lc 1,40).

4. Maria dá à luz

A narrativa lucana começa colocando em evidência *o dia,* o dia em que a mulher de Nazaré devia dar à luz. Este dia completa o decurso do tempo percorrido pelos dias que levaram à plenitude (GURTH, 1991: 1.808ss., verbete "Aiôn" (tempo)) o grande evento: *a chegada do Reino*. Com esta chegada o tempo se manifesta como plenitude dos dias que completam a gravidez de Maria, e com este fato começa o reino da vida.

> Ora, enquanto lá estavam, chegou o dia em que ela devia dar à luz; ela deu à luz o seu filho primogênito, envolveu-o em faixas e o deitou em uma manjedoura, porque não havia lugar para eles na sala dos hóspedes (Lc 2,6-7).

O novo tempo aparece com os traços de um novo nascimento, de uma nova vida e de um novo modo de viver (*Liturgia das Horas II*: 743ss.).

a) ...a um novo nascimento

O nascimento que a mulher de Nazaré nos traz dá forma humana à ação do Espírito de Deus na pessoa de Jesus Cristo, o qual nasce do próprio Deus. Aqui está a revelação plena do Deus de Israel. Jesus não nasce do querer da carne, nem do querer humano (cf. Jo 1,13). Nasce do querer de Deus e de um Deus Comunidade de Amor.

Esse novo nascimento não exclui a contribuição humana, mas não é somente de tal contribuição que esse nascimento dá início a uma nova vida. É sobretudo pela força do Espírito de Deus que o novo nascimento ultrapassa o nível humano para dar início à nova criação.

O modo de ser masculino de Deus é pensado a partir da fé de uma mulher do povo, Maria de Nazaré. Este modo de ser masculino de Deus, que toma forma humana no modo de ser feminino de uma mulher, levanta para a teologia feita em perspectiva mariológica a seguinte pergunta: Como interpretar adequadamente a simbiose do modo de ser feminino dando forma humana ao modo de ser masculino enquanto os dois modos de ser se expressam num Deus sob a forma humana?

Uma primeira resposta nós a encontramos na fé de Maria. Ela é proclamada a *bem-aventurada* porque acreditou. Não fosse a fé desta mulher, o filho de Deus não teria se encarnado e o projeto salvífico do Pai teria tomado outro rumo. A concepção é feita na fé e a fé nos fala da imagem do amor total e radical de Deus mesmo na pessoa do filho que se encarna por obra do Espírito.

Uma segunda resposta nós a encontramos na esperança com que Maria de Nazaré assume um projeto de vida tão complexo e obscuro quanto a busca humana da vontade do Senhor pelos caminhos tortuosos de seu povo. No grego neotestamentário, a palavra esperança, *elpís*, significa antes de tudo o objeto da esperança, a coisa esperada. Este sentido aproxima-se do significado que se atribui ao verbo *receber, acolher*.

Já a palavra grega *apokaradokía* denota a espera ardente, a espera feita quase com impaciência. Aproxima-se mais do sentido de uma espera, até certo ponto angustiosa, defronte aos acontecimentos dolorosos que atingem diretamente a vida de um povo (HOFFMANN, 1991: 1.762-1.769, verbete "Speranza") cansado de esperar e atingem também as condições da história desse povo e de sua fé na revelação de um Deus mais humano e mais materno e pai.

O novo nascimento dado por Maria se constitui em uma nova situação, porque nesta situação Deus se revela ao povo através de Jesus que nasce de uma mulher. A esperança, portanto, aqui neste contexto, pertence à condição específica de um modo de ser feminino, que gera a nova vida esperada pelo povo eleito.

b) ...a uma nova vida

A nova vida trazida com o nascimento dado pela mulher de Nazaré ultrapassa o sentido de vida vétero-testamentário, sentido que fala de vida terrena plena, caracterizada como vida longa, vida sadia e vida feliz (FINKENZELLER, 1990: 766-767). Maria de Nazaré traz aquele que é o filho da fonte da vida, Deus, do qual fala o Sl 36,10: *Pois em ti está a fonte da vida, em tua luz vemos a luz*. *Fonte e luz* são duas metáforas da vida. Lucas retoma este sentido em 12,15 quando põe na boca de Jesus o discurso sobre o verdadeiro valor dos bens deste mundo; e em 16,25 quando narra a parábola do rico e de Lázaro.

O evangelista aplica o ensinamento de Jesus através da parábola, levando em conta a vida concreta das pessoas que o ouvem: fala do valor perene da felicidade eterna do mundo futuro sobre a felicidade terrena do mundo presente. Nesse contexto a vida é concebida num sentido transcendente e escatológico, de modo que tal sentido se identifica com a figura do Reino de Deus (FINKENZELLER, 1990: 766-767).

Maria de Nazaré traz aquele que inaugura este Reino e se coloca no meio de nós como aquele que serve (Lc 22,24-27). Ela nos traz o fundador do serviço feito à mesa, cujo relato funda suas raízes na Eucaristia (BOFF, Lina, 1990: 39s.).

Maria traz o filho que tem como projeto salvífico dar início a essa nova criação. Trata-se de um conceito novo de criação, que se expressa no novo modo de ser da pessoa, seja ela mulher ou homem (CIMOSA, 1987: 77-87). Esse conceito de criação identifica a nova pessoa na sua própria finalidade criatural, partindo da fonte de origem dessa nova pessoa: *Homem e mulher Deus os criou* (Gn 1,27). Esta nova vida que a mulher da ínfima Nazaré nos traz pede um novo modo de ser, um novo modo de relação humana com as pessoas, com as coisas criadas e com o Criador. É o que se verá no próximo parágrafo da nossa investigação.

c) ...a um novo modo de viver

Este novo modo de viver ao se deparar com uma nova vida nos leva a falar da narrativa da instituição da Última Ceia feita por Jesus junto com os seus e na qual Ele encontra a última e consumada finalidade radical (vem de raízes) de sua doação total, vida consumada por muitos (Lc 22,19-20). Nessa narrativa Maria não é nomeada, mas é uma presença que não deixa de ser "real" no contexto da reflexão que estamos conduzindo à luz da fé. Não excluímos aqui as hipóteses levantadas pela própria reflexão teológica dos últimos anos feita na perspectiva da vocação e da missão da mulher na comunidade de fé.

Vejamos bem. O relato da Última Ceia se dá e se concretiza através do serviço à mesa. É aqui que a comunidade se exprime, se dá a conhecer, se identifica como comunidade de fé. Passando para a vida prática dos milhares e milhares de "Marias" da nossa realidade latino-americana e caribenha, encontramos na família, no labor de uma nova evangelização, no trabalho acadêmico, a mulher presidindo ao serviço da mesa. Não só, mas convocando a comunidade à participação e à comunhão (BOFF, Lina, 1990: 43).

As mulheres de fé e dedicadas ao serviço da comunidade como nova criação do Espírito não podem e nem devem sufocar o potencial da sua imaginação que brota dos fatos neotestamentários (BOFF, Clodovis, 1995: 77-92). Esse trabalho deve levar em séria consideração a grande contribuição dada pela história crítica e pela virada antropológica das ciências em geral.

Na aplicação de uma hermenêutica procedente, a qual tem a ver não só com a interpretação dos textos bíblicos, mas tem a ver com a vida e o contexto sociocultural do nosso tempo, não podemos parar em meio ao caminho do qual já vislumbramos coisas novas e antigas. A presença real de Maria junto com os apóstolos e sua família na Igreja nascente de Atos – que veremos logo mais adiante – nos inspira, nos fortalece e nos é uma clara indicação para um novo caminho de fé, de participação e de comunhão eclesial (REIMER, 1995: 11-29).

Resumindo, afirmamos que Jesus é concebido do Pai pelo Espírito Santo e toma forma humana no modo de ser feminino de sua mãe Maria. Ela o acolhe na fé, oferece-o a seu povo na esperança e o nutre com a doutrina e a tradição desse mesmo povo (*Liturgia das Horas II*: 744). É deste modo que vem ao mundo a vida feliz e eterna que está preparada para os que dela são dignos.

5. *Maria medita em seu coração junto com José*

O contexto do capítulo 2 de Lucas, no que se refere às citações levadas em conta para a nossa investigação, nos apresenta Maria ao lado de José. O conjunto dos acontecimentos que narram a atuação dos pais de Jesus trazem uma densidade teológica mariana extraordinária.

> Quanto a Maria, ela retinha todos esses acontecimentos procurando-lhes o sentido (Lc 2,19).

Junto com José Maria assume este comportamento: *o de reter em seu coração* o que não compreende. As palavras ditas por Jesus e todos os fatos dos quais participa. Estes fatos tornam-se acontecimentos pela carga de revelação que trazem dentro de si mesmos. O depositário desta revelação trazida por tais fatos é o casal Maria e José; *o de amparar com a inteligência* o sentido profundo dos acontecimentos que perpassam pela sua memória, pelos seus pensamentos, sentimentos e decisões; e o comportamento *de penetrar intensamente com a fé*, com a esperança e com o amor as palavras que não compreende e as remete à lembrança do mistério do Pai do qual teve anúncio formal na Encarnação. É neste mistério que Deus revela seu modo de ser feminino, modo com que realiza no dia a dia a missão salvífica originada do mistério trinitário. Junto com José, seu esposo, Maria procura o significado daquilo que não compreende para interpretar com sua experiência de fé alguma coisa de tal mistério.

Vejamos atentamente a narrativa que o terceiro evangelista nos deixou referente ao testemunho dado por Maria e José nos sucessivos fatos que se tornaram acontecimentos de extraordinária reflexão teológica feita na perspectiva mariana.

- Ao escutar a mensagem dos pastores no nascimento de Jesus os pais ficam espantados, maravilhados com as palavras dos pastores (cf. Lc 2,18).

- Ao cumprir a Lei de Moisés após o nascimento do filho, os dois vão ao Templo para serem purificados (Lv 12,1-8)[8] e apresentar Jesus para consagrá-lo ao Senhor (Ex 13,2.12.15). São os pais que conduzem o menino para fazer o que a lei prescreve (cf. Lc 2,27-28).

- Ao auscultar as palavras de Simeão, homem justo e piedoso, aberto ao Espírito Santo. Ao ouvir a Profetisa Ana que falava do menino a todos e a todas que esperavam a libertação, o pai e a mãe ficaram admirados. Os dois juntos não conseguem penetrar todo o mistério do filho através das palavras e dos comentários que se fazia dele (cf. Lc 2,33.36s.38).

---

8. A interpretação mais utilizada desta lei concerne à mãe, deixando de lado alguns manuscritos antigos que falam da purificação dele e dela. Predomina, porém, a segunda variante.

- Quando cumpriram tudo aquilo que a lei de Moisés prescrevia por ocasião do nascimento do primogênito, eles voltaram para a sua cidade, Nazaré (Lc 2,39).

Foi nesse contexto cultual que os pais de Jesus o consagram ao Senhor no Templo de Jerusalém. Como vimos, Lucas, que evidencia a concepção virginal de Jesus, não se omite em falar dos pais de Jesus. É através de seus pais que Jesus se oferece ao Senhor como o Servo que se põe à disposição do projeto salvífico (cf. Rs 10,8s.) e como ministro que permanece diante de Deus para ouvir do seu Senhor a sabedoria de bem servir (cf. Lc 1,19s.).

A firmeza com que os pais, Maria e José, consagram ao Senhor seu filho no Templo (cf. Ap 11,4) marca o início de uma nova história. Com este ato de culto Jesus inaugura o culto espiritual da pessoa que se abandona na fé e se oferece como vítima vivente. Jesus oferece a sua vida e a sua missão como serviço à justiça que traz a salvação para todos e para todas até os confins da terra (cf. At 1,8).

6. Maria na boca do povo de seu tempo

Jesus tem seu modo próprio de ser feminino. Em meio ao povo que acolhe a palavra proclamada por Ele, o povo remete à sua Mãe, imagem do feminino do Pai, a pessoa de Jesus e a Boa-Nova anunciada por Jesus mesmo. Vejamos a citação:

> Ora, enquanto Ele falava isso, uma mulher elevou a voz do meio da multidão e lhe disse: "Bem-aventurada aquela que te trouxe no seio e te amamentou" (Lc 11,27-28).

Desse anúncio nasce a fé para a coexistência do masculino e do feminino que constituem a realidade essencial de cada pessoa humana (BOFF, Leonardo, 1980: 51ss.) com suas diferentes acentuações. O povo também tem seu modo próprio de manifestar o feminino de Deus. Como se dá isso em Lucas? Aqui nos limitamos a transcrever a citação como fizemos acima e queremos deixar à reflexão dos ouvintes e dos leitores e leitoras para que descubram a riqueza dos textos lucanos. As duas citações falam da família de Maria e de Jesus.

> A sua mãe e os seus irmãos chegaram perto dele, mas não podiam abordá-lo por causa da multidão. Anunciaram-lhe: "A tua mãe e teus irmãos estão lá fora e querem te ver" (Lc 8,19-20).

IV - Maria na Igreja nascente (BOFF, Lina, 1990: 39-44; REIMER, 1995: 11-12)

É significativa a presença de Maria junto com os Onze e as outras mulheres no relato da primeira comunidade de Jerusalém em At 1,12-14. Ver o texto de perto e na sua originalidade escriturária proveniente do Evangelista Lucas, único a falar da mãe de Jesus no tempo da comunidade do Espírito, nos ajuda para o desenvolvimento ordenado, como o próprio Lucas escreve, da reflexão que segue.

> Todos, unânimes, eram assíduos à oração, com algumas mulheres, entre as quais Maria a Mãe de Jesus, e com os irmãos de Jesus (At 1,14).

A dinâmica da presença real de Maria na Igreja nascente (RATZINGER, 1998: 39-42) de Atos deve-se à sua fé. Harmoniza-se particularmente com o novo modo de viver, de se relacionar na comunidade de fé, com toda a dialética que esse processo comporta (FABRIS & GOZZINI, 1986: 188s.). Não é por acaso que o interesse artístico, embora nem sempre interpretado adequadamente, apresente Maria no centro da comunidade reunida no cenáculo à espera do evento do Espírito prometido pelo Senhor antes de sua ascensão (cf. Lc 24,50s.). Maria, porém, é apresentada de tal forma desvinculada e até certo ponto des-encarnada daquela comunidade, que a dinâmica de sua presença real e atuante, para alguns teólogos, acabou esvaziando a atuação das "Marias" da nossa vida eclesial de hoje. Maria é inspiradora desse entusiasmo cheio de fé e espírito de serviço.

A Mãe de Jesus aparece no cenáculo como que presidindo à oração dos Onze, das outras mulheres suas companheiras e provavelmente amigas e sua família. A figura simbólica do feminino nesse contexto nos traz a presença atuante e cheia de fé e entusiasmo das nossas evangelizadoras de hoje.

Presidir ao serviço da comunidade que se reúne em torno da mesa da Palavra é um espaço conquistado pela mulher que vive e testemunha a harmonia do seu compromisso de fé levado adiante ao lado e junto com o homem (TEPEDINO, 1990: 125-126). Enquanto o homem faz o serviço do altar, a mulher faz o serviço da mesa. Este não é menos importante e nem mais valorizado que o primeiro. Trata-se de servir e servir na fé, na esperança e no amor.

Quando as pessoas sentem fome e sede, procuram a mesa para saciar-se. A Palavra da mesa, partilhada, assimilada e consumida (= comida), faz da comunidade um SINAL VIVO do Reino que já começa nesta vida. Não queremos excluir ou valorizar menos o altar, mas sim resgatar sua originária significação como serviço à mesa[9].

Se ao longo da história a mesa do serviço comunitário que Jesus Cristo fundou foi transformada em altar, a mulher de hoje, inspirada no ícone de Maria na Igreja nascente, quer retomar o serviço à mesa para servir como Cristo serviu e como a comunidade de Atos também serviu.

A mulher de hoje acredita nesse novo modo de viver a fé e nessa nova ordenação da *ekklêsia*. Acredita no novo nascimento

---

9. Reflexão e discussão numa troca de ideias fraterno-sororal com Frei Clodovis Boff, a partir da *Mulieris Dignitatem*. Rio de Janeiro, set./1988.

da mesa da Palavra partilhada, assimilada e comida com gosto e bom paladar, para que toda a comunidade possa fazer esta experiência de igualdade e comunhão e possa testemunhar a mesa do Reino escatológico.

A partir do ícone mariano de At 1,12-14, no qual o modo de ser feminino da comunidade de fé se impõe não só pela presença real da Mãe de Jesus, mas também das outras mulheres que seguiram o Senhor como Maria, significa que re-tomar o serviço da mesa é realizar o chamado que o Pai nos faz em Jesus Cristo vivido e professado no seu Espírito com o evento da ressurreição (JOÃO PAULO II, 1988, art. 16-17).

As interpelações da nossa dura realidade histórica, seja de ordem estrutural, seja de ordem conjuntural e eclesiástica são outros tantos apelos que nos desafiam à criação de uma nova *ekklesia*, a *ekklesia* da Nova Jerusalém terrena que aponta para a JERUSALÉM CELESTE. Se Maria pôde estar presente no evento de Pentecostes que criou a nova Igreja do Espírito do Jesus ressuscitado, nela toda a mulher se identifica com a imensa graça de possuir no seu corpo a condição única de reproduzir o gesto eucarístico divino.

Alimentar seu povo com sua própria carne e sangue foi a modalidade mais radical e intensa que Deus escolheu para exprimir sua doação plena e deixar presente seu infinito amor no meio de seu povo. A mulher é aquela que possui no seu corpo e na sua alma a possibilidade concreta de alimentar outro ser humano com sua própria carne e sangue. Quer no ato da amamentação, através do qual ela nutre e sustenta as filhas e os filhos como dom do Pai; quer no ato do martírio, quando ela assume o despojamento de Cristo; quer no gesto de amor desinteressado que pode ser visto sacramentalmente em todas as mulheres, mulheres que repartem sua vida do dia a dia, seu espaço e seu tempo para que a vida cresça em todos os sentidos e se fortaleça a fé e a esperança na experiência do conflito inevitável.

Parece-nos que aí está um veio promissor para refletir sobre o grande mistério da presença real de Cristo no meio de seu povo louvando ao Deus da nova criação e dizendo palavras que revelam o modo de ser feminino desse mesmo Deus.

1. *Maria na vida do povo do nosso tempo*

Para nós, mulheres e homens cristãos, consagrados pelo batismo, a emergência do feminino explode da rica experiência de fé cristã que se dá em cada pessoa e no coletivo do povo. Pode-se dizer que a mariologia latino-americana-caribenha nasceu com a primeira evangelização, tornou-se uma tradição devocional e cúltica que hoje já podemos traduzi-la numa teologia de sentido profundo e de grande significado simbólico para o nosso modo de viver o cristianismo, pois toca os pontos essenciais da fé e da reflexão teológico-pastoral (VUOLA, 1994: 10).

Nós não podemos pensar o cristianismo latino-americano-caribenho do nosso povo sem conhecer o novo modo de viver esse cristianismo que tem como uma das marcas mais vivas sua vinculação com a pessoa e a vida de Maria. O Documento de Puebla apresenta Maria de Nazaré no seu primeiro capítulo intitulado "Conteúdo da evangelização", e coloca Maria no meio do Povo de Deus a serviço e como instrumento de comunhão-participação (DP 282s., 292ss.).

Em Santo Domingo, dentre os múltiplos modos de atuação de Maria que o documento apresenta, destacamos o artigo 229 em seu parágrafo 4º, onde Maria aparece acompanhando os apóstolos quando o Espírito de Jesus ressuscitado penetra e transforma os povos das diversas culturas. Como modelo da Igreja, Maria aqui é modelo da evangelização da cultura (DSD 229).

No contexto da Pós-V Celam não podemos olvidar as conquistas que nos vieram do VIII capítulo da *Lumen Gentium*, feitas na perspectiva mariológica. Nós já podemos contar com uma Mariologia que nasceu do nosso jeito de viver a fé cristã e que continua tendo boa repercussão no mundo teológico.

A partir de tal contexto queremos apresentar Maria e o modo de ser do Espírito Santo que age no nosso povo. Entendemos falar de Maria na sua relação com o Espírito Santo que se revela nas distintas experiências de fé cristã. Aqui pudemos contar com a narrativa de múltiplas experiências de caráter mariano, narrativas feitas pelas próprias comunidades de fé do nordeste, centro e sul do nosso país.

A nossa leitura de tais narrativas foi feita na ótica da relação de Maria e o modo de ser do Espírito como Pessoa da Comunidade Trinitária; do mesmo modo que refletimos a relação de Maria e o modo de ser de Deus, e o modo de ser de Jesus. Pois, a todas as Pessoas da Comunidade Trinitária é atribuído um modo próprio de entrar em relação com Maria, seja este um modo de ser masculino ou um modo de ser feminino. Lembramos que esta é a nossa abordagem.

A experiência de fé do nosso povo, experiência vinculada à pessoa e à vida de Maria como Mãe, inspiradora e mulher, apresenta as manifestações do Espírito em toda a trajetória histórica feita pelo povo. E esta trajetória tem expressões muito concretas na vida e na experiência da fé cristã de caráter mariano desse povo. Maria acolhe as manifestações do Espírito no seu modo de ser masculino e no seu modo de ser feminino através da fé do povo no nível das formas e no nível dos conteúdos teológicos (BOFF, Lina, 1994).

2. Maria e o modo de ser do Espírito

As manifestações do Espírito na vida e na prática de Maria de Nazaré são apresentadas aqui de uma maneira pedagógica. O objetivo é facilitar a compreensão daquilo que queremos dizer quando falamos no nível das formas que o Espírito toma e o que entendemos dizer quando falamos no nível dos conteúdos teológicos.

a) No nível das formas

Aqui queremos destacar o feminino de Deus que se manifesta através do Espírito, nas *palavras* e nas *práticas* chegadas até nós pelas experiências escritas. Estas são provenientes dos grupos de mulheres e de outras organizações e associações de base e até mesmo de grupos organizados e movimentos paroquiais de tradição católica.

As *palavras* e as *práticas* de tais grupos nos levam a deduzir o feminino de Deus através da presença do Espírito na prática dessas comunidades e nas formulações feitas por elas as quais se apresentam impregnadas de valores simbólicos. São gestos e formas de expressão através dos quais se reconhece o modo de ser feminino do Espírito ou o modo de ser masculino desse mesmo Espírito que se dá a conhecer nas pessoas e na história.

Selecionamos as *palavras* e as *práticas* de formulação mais significativas e que melhor respondem ao objetivo da nossa abordagem.

- *A prática da Palavra* testemunhada na coragem e na audácia de um grupo de mulheres de uma comunidade rural, grupo que enfrenta o prefeito exigindo água para todo o seu povo e a conseguem. Este fato se deu depois do estudo do livro de Judite. Esta parábola nos fala da vitória de um povo frágil simbolizado na figura da mulher (GEBARA & BINGEMER, 1987)[10].

- *A consciência da fecundidade humana espiritual* vivida na exclusão, mas capaz de gerar filhos e filhas que sirvam ao povo

---

10. Esse texto ajudou muito no aprofundamento da reflexão bíblica destas mulheres.

esquecido e abandonado através da militância de um grupo de base popular em favor dos direitos humanos[11].

- *A sensibilidade e a abertura ao Espírito* manifestadas por uma organização popular que reconhece na visita de Maria à sua prima Isabel o Espírito que a impulsiona à solidariedade. Maria é pura, mas esta sua condição de pureza não impede que ela preste à sua parenta os serviços exigidos por um parto. E nós mulheres sabemos por experiência o que isto significa e o que comporta para o nosso corpo. Maria em tudo é igual a nós[12].

A leitura atenta destas formulações nos remete às distintas representações do Espírito em seu modo de ser masculino e em seu modo de ser feminino, na linhagem das mulheres que precederam Maria no serviço e no amor ao seu povo.

b) No nível dos conteúdos teológicos

Aqui destacamos o feminino de Deus que se manifesta através do Espírito, nas reflexões de comunidades de fé onde a pessoa e a vida de Maria são veiculadas através da Palavra da Sagrada Escritura que ilumina a vida no seu cotidiano. Extraímos dessas experiências os elementos que dizem respeito a Maria e o modo de ser masculino e o modo de ser feminino do Espírito Santo.

As formulações teológicas mais significativas nos pareceram ser estas que ora apresentamos de forma sistematizada e a partir da nossa ótica.

---

11. *Experiência do Vale do Ribeira* (antigo Quilombo). São Paulo, mar./ 1996. Reflexão feita a partir do estudo de 1Sm 1, onde aparece a contribuição de Ana, mulher de Elcana.

12. Grupo de mulheres de uma comunidade rural, interior de São Paulo, mar./1996. Organizações tradicionais de paróquia, periferia do Rio de Janeiro, abr./1996.

- *O SIM DE MARIA TROUXE COISAS NOVAS*. Estas vêm pelo Espírito ao qual a Mãe de Deus se abre de maneira simples. A coisa NOVA mais importante que Maria nos trouxe por ter dito SIM foi o Salvador Jesus. Por isso ela é o modelo de como deve ser a Igreja hoje: *relacionada*, porque Deus se relaciona com Maria através de seu Espírito[13] que a torna mãe, inspiradora e mulher.

- *Maria é Mãe* porque é mulher e só uma mulher pode ser mãe, não sozinha, mas com o Espírito de Deus ao qual ela se abriu, no caso de Maria de Nazaré, se deixou interpelar e aceitou o desafio do projeto salvífico. O Espírito aqui teve um modo tipicamente feminino de agir com ela: usou de paciência quando Maria ficou intrigada com a notícia; encorajou-a quando viu que vacilava, dizendo-lhe: "Não temas!"; teve amor e depositou confiança nela quando se deteve em pedir explicações sobre o modo através do qual ia ser mãe[14].

- *Maria é inspiradora* porque deixou o Espírito descer nela e auscultou o que lhe tinha a dizer. Falou-lhe com tanta ternura mas com declarada firmeza. Sentiu-se impulsionada por esse Espírito a tomar o caminho da missão, provavelmente sozinha por aquelas montanhas de Judá[15]. Maria nos dá a conhecer aqui o modo de ser masculino do Espírito. Primeiro pela coragem de viajar sozinha e depois pelo fato de permanecer tanto tempo fora de casa (cf. Lc 1,56). São atitudes estas que encontramos muito mais acentuadas no modo de ser masculino que no modo de ser feminino. Com isto não entendemos dizer que tais atitudes estejam ausentes na mu-

---

13. Reflexão de comunidades eclesiais do interior da Bahia, fev./1996.
14. Estudo de vários grupos de mulheres, periferia de Recife, mar./1996.
15. Ibid., fev./1996.

lher, mas sim afirmar que as acentuações da cultura fazem diferenças neste campo.

- *Maria é mulher* porque ela irrompe do Deus que criou a raça humana na sua expressão feminina. Na linha das mulheres bíblicas Maria é reconhecida como a imagem do povo fiel, como a morada de Deus (*Shekinah*) e a manifestação máxima do Mistério da Encarnação, enquanto nova criação.

V - A comunhão de Maria com a Comunidade Divina

A atuação do Espírito em Maria se confunde com o modo que ela tem de se relacionar com seu povo, enquanto pessoa gerada por Deus Pai e geradora de um Deus que se revela materno nos seus gestos, na sua relação divina com a raça humana e na sua expressão concreta em Jesus Cristo doador desse mesmo Espírito[16]. É assim que Deus é encontrado nas muitas "Marias" da vida concreta dos nossos dias[17].

Com estas "Marias" o Espírito faz história porque as envia em missão e faz das suas ínfimas histórias uma forma da sua revelação em cada uma e no povo ao qual pertencem. É *assim que nós mulheres sentimos e vivemos o feminino de Deus*[18]. Nesse contexto de reflexão e experiência de fé na perspectiva mariana nós percebemos a atuação do Espírito no seu modo de ser masculino e no seu modo de ser feminino por duas razões. A primeira é da ordem da graça que supõe a natureza. Do ponto de vista antropológico, entra aqui o relacionamento direto e pessoal de Maria que abre suas entranhas para dar espaço à morada de Deus no meio de nós[19].

---

16. Reflexão de vários grupos eclesiais: interior do Paraná e Vitória da Conquista, abr./1996.
17. Ibid.
18. Estudo e reflexão de vários grupos eclesiais, Assis/SP, mar./1996.
19. Reflexão de um grupo eclesial, periferia de Recife, abr./1996.

O Espírito tem uma relação com Maria no seu modo de ser masculino, pois ela é a expressão do feminino. Caso contrário haveria uma distorção da própria ordem da natureza humana. E Deus respeita esta ordem, insere-se nela sem alterar-lhe o curso da criação primeira estabelecida pelo Pai.

A segunda razão é da ordem do Espírito propriamente dito e queremos chamá-la de ordem pneumática. Por quê? A ordem pneumática diz respeito à própria pessoa de Jesus gerado pelo Espírito nas entranhas de Maria de Nazaré e doador desse mesmo Espírito por ter passado pelo mistério pascal.

Maria é a mulher pneumatológica por precedência, pois se abre ao Espírito para gerar a nova vida trazida por Jesus. E Jesus é o filho pneumático, pois Ele não só recebe o Espírito do Pai, mas pode dá-lo a quem Ele quiser. Sem o poder que Jesus tem de dar o Espírito não teríamos tido o evento Pentecostes que preside a nossa ação de todos os dias. E não estaríamos também realizando a História da Salvação no bojo da qual esse mesmo Espírito continua criando, até o futuro escatológico, o tempo definitivo. Jesus portanto é o homem pneumático e Maria a mulher pneumatológica.

Através do Espírito Maria dá a Deus o seu modo de ser feminino para que os traços do feminino de Deus sejam encontrados nas muitas "Marias" da vida cotidiana[20]. Nesta sua missão de participar do plano salvífico do Pai, Maria, como mulher pneumatológica, assume comportamentos que encontramos seja na mulher de fé e geradora de vida, seja no homem comprometido com os processos históricos capazes de gerar vida nova para todos e para todas[21]. Vejamos no parágrafo que segue o terceiro conteúdo teológico da nossa investigação.

---

20. Grupo de reflexão da periferia do Rio de Janeiro, abr./1996.
21. Reflexão das CEBs da Lapa, São Paulo, abr./1996.

1. O impulso do Espírito que suscita o culto a Maria

Por ter aceito o projeto salvífico do Pai, Maria hoje é cultuada de modo especial como *mãe*[22]. Sob este título encontra-se a maioria das experiências marianas populares e o lugar privilegiado da sistematização da mariologia feita na ótica latino-americana-caribenha[23]. O nosso povo cultua Maria como:

• *Mãe dos peregrinos* que se faz patrona dos sem vez e sem voz. Por isso mesmo é *Consoladora dos aflitos*[24] no sentido de proporcionar sentido à vida humana, novas luzes, novo sentido à luta dos homens e das mulheres à beira do desânimo[25]. É consoladora no sentido de impulsionar, estimular a aplicação de novos métodos e de novos modos de assumir a realidade cruel que nos cerca e pesa sobre nós[26].

• *Maria é cultuada como Patrona* no sentido de advogar a causa do povo. Daí o fato de se tornar *a Senhora* dos homens e das mulheres libertas. Mulher que tem sua cadeira garantida na academia da sabedoria popular. Como Patrona se faz chama de fogo que tutela as tradições de caráter popular e mantém vivas as expressões criativas de seu culto[27].

• É *cultuada ainda como a Mulher da solidariedade,* sobretudo no episódio de sua visita a Isabel, à sua casa e ao seu povo[28].

---

22. Recomendamos a leitura de BOFF, Clodovis, 1995. Texto apresentado no Simpósio Mariológico Internacional da Faculdade "Marianum" de Roma, em set./1994. Edição revista em 1995, p. 36ss.
23. Ibid., p. 31.
24. Ibid., 33. O comentário feito pelo autor é válido para a nossa história. As experiências que nos chegaram parecem ultrapassar até certo ponto a concepção da ambiguidade de conceber Maria como Mãe, Consoladora e Patrona.
25. CEBs da Lapa, São Paulo.
26. Testemunho dado por um grupo eclesial da periferia do Rio de Janeiro, mar./1996.
27. Grupo de reflexão, Bairro do Jabour, Rio de Janeiro, abr./1996.
28. Grupo eclesial do interior do Paraná e reflexão de uma organização de mulheres na Bahia, mar./1996.

É com Isabel que ela se deixa conhecer e deixa extravasar sua função de defensora da vida. Com o grito dela no Magnificat nos dá a conhecer seu modo de ser mulher num contexto de dor e de esperança, mulher que compreende e abraça a causa da vida que seu filho vai chamar de "Reino de Deus"[29].

Hoje o povo vê Maria presente nos homens e nas mulheres que abraçam a causa da vida. Ela não é diferente do povo. Não está só nos altares, nos andores e nas procissões. Maria hoje é a juventude que clama por justiça e cidadania. Maria hoje é o trabalhador que sonha uma nova vida, o homem e a mulher da roça que exigem terra e participação para não sucumbirem à morte[30].

Maria hoje é uma das expressões mais altas do Espírito e da Comunidade Divina, no seu modo de ser feminino e masculino, para que o povo ainda tenha a força de acreditar no amanhã e encontre o sentido verdadeiro e definitivo de sua fé em vista da própria sobrevivência.

2. Relevâncias para a continuidade e para o futuro

Diante da teologia feita na perspectiva mariológica, três pontos marcam a nossa posição para a continuidade e a especialização das teólogas e teólogos que ensinam Mariologia nos diferentes institutos cristãos e católicos e faculdades teológicas. São eles:

1) A reflexão teológica feita a partir da experiência de fé da comunidade descrita na obra lucana e as experiências do nosso povo aqui apresentadas ultrapassam a nossa palavra de fé pronunciada a partir da temática "A vida na sua dimensão feminina e na sua dimensão masculina". Esta nos leva a uma espiritualidade ma-

---

29. CEBs da Lapa, São Paulo.
30. Estudo e reflexão de vários grupos eclesiais, citados acima, abr./1996.

riológica procedente, porque fundamentada na Palavra de Deus enquanto Comunidade Trinitária e relacionada.

2) As faculdades e os institutos de teologia do nosso continente não podem desconhecer a urgente necessidade de se refletir seriamente sobre o fenômeno popular da piedade mariana que se manifesta de mil formas e milhares de modos. O estudo da Mariologia deve encontrar seu espaço e seu adequado lugar dentro da eclesiologia e sobretudo na História da Salvação, mistério salvífico do Pai, o qual se revela em Jesus Cristo verdadeiro Deus e verdadeiro homem, filho de Maria de Nazaré por obra do Espírito Santo.

3) Que cada diocese, cada comunidade de fé e cada grupo distinto pela sua cultura, pela sua história e pela sua tradição religiosa não deixe de considerar toda a expressão de fé que se manifesta através do marianismo do nosso povo. Este se caracteriza com manifestações próprias de cada cultura e de cada raça. Teólogos e teólogas não podem deixar sem uma resposta de fé, que se expresse numa prática mais inteligível, os desafios levantados pelo maximalismo do povo católico e pelo minimalismo de muitos teólogos e teólogas, no que diz respeito à Mariologia.

VI - Resumo

Tanto o feminino como o masculino é uma dimensão do Deus Comunidade Trinitária que se manifesta no seu amor revelado em Jesus Cristo pela força do Espírito Santo. Nas relações humanas este amor se expressa seja na dimensão humana do masculino, seja na dimensão humana do feminino. A obra de Lucas-Atos é aquela que oferece bons elementos teológicos de aprofundamento da temática. O evangelista dá a palavra a Maria e fala de Maria na sua longa narrativa que começa no Evangelho e termina no primeiro capítulo dos Atos dos Apóstolos. Percebe-se bem que sua comunidade coloca Maria de Nazaré como discípula e como mãe de Jesus, seja na sua vida oculta em Nazaré, seja na sua vida pública ao pregar o Reino de Deus e no nascimento da Igreja no dia de Pentecostes. Segundo João, esta última presença de Maria se dá depois de haver passado pelo momento supremo de seu Filho, ao pé da cruz (cf. Jo 19,25-27).

2
A vida e a interpelação das massas pobres e excluídas
Partindo do Magnificat (Lc 1,46-55)

Para falar da vida e da interpelação dos povos do nosso continente nada melhor que trazer para a teologia a proclamação dessa vida. Proclamação feita pela mulher simples e humilde de Nazaré, quando deixa todo o seu ser abrir-se ao seu Senhor com o Cântico do Magnificat. Neste cântico Lucas deixa extravasar, assim nos parece, toda a inspiração de sua cultura grega recebida de sua mãe, segundo antiga tradição cristã. Por isso, as palavras ternas e duras ao mesmo tempo que Maria proclama neste ato de ação de graças são palavras interpeladoras da prática da nossa fé e da nossa solidariedade.

I - Interpelados para uma vida nova

Esta interpelação vem da fala de Maria, porque a fala em primeiro lugar é a característica humana da qual Maria se serve para dizer ao seu povo de que lado está e com quem luta. Segundo, através da sua fala no Magnificat, Maria aproxima toda a Comunidade Divina do povo do qual faz parte, e o faz da seguinte forma:

- como *mãe* traz para dentro do povo de Israel a Palavra viva do Pai que é Jesus Cristo;

- como *mulher* abre-se ao imperativo do plano salvífico e torna possível a comunicação do Pai com o povo escolhido por meio do Mistério da Encarnação;
- como *esposa* dá forma ao Espírito Santo que a engravida, fecunda a comunicação que se dá entre o Pai e o Filho para que o Pai realize seu projeto divino pela força do Espírito e o mundo seja libertado para sempre (BOFF, Lina, 2005: 616-640; 859-878)[1].

Desse modo Maria assume a atitude de ser a Mãe da vida e a Mãe libertadora de todos os povos, a Mulher profética de todos os tempos, e a Esposa fiel ao plano de salvação do mundo. A vida cotidiana dos nossos povos é uma vida vivida em contexto que tem tudo a ver com a proclamação do mistério salvífico do Pai e com a celebração desse mistério na fé, na vida e no labutar cotidiano.

O Magnificat que traz uma vida nova passa pela mística evangélica. Por isso a palavra *mystikos* significa aquilo que é referente à celebração dos mistérios cristãos a partir da vida concreta. É este processo que faz a História da Salvação ser o que é. Para o nosso povo não existe uma vida e nem uma mística desvinculadas da realidade cotidiana vivida em todas as suas dimensões.

Os nossos povos não explicam o que seja a mística evangélica; eles a testemunham com a sua vida, com o seu compromisso pelo Reino e a expressam com as suas celebrações cheias de festa e de alegria. Tais gestos revelam a atuação salvífica de Cristo, gestos que culminam na realização plena do mistério profundo de Deus (cf. Rm 16,25-27), que é o mistério da paixão-morte-ressurreição de Jesus. Os nossos povos guardam na sua intimidade uma realidade profundamente mística que pertence ao sagrado e é alimentada, sobretudo, na leitura da Palavra de Deus e na sua interpretação brotada da vida concreta. Daí o significado de *mística evangélica*.

---

1. Conferência feita no Simpósio Internacional do México em maio de 2005.

Finalmente, ao falar da V Celam fala-se também das perspectivas concretas que devemos viver no tempo kairótico da pós--Celam. Significa dizer que não podemos deixar de lado a grande perspectiva mariológica no processo da nossa evangelização. O Magnificat da Mulher de Nazaré tem como objetivo continuar alimentando a esperança e o sonho que pervadem o coração de cada pessoa e de cada comunidade, esperança e sonho que povoam a imaginação humana e ao mesmo tempo alimentam a jovialidade da fé cristã.

Todo esse processo, porém, não é apenas uma mudança de calendário ou, então, mais uma conferência realizada com a presença do papa. Mas transcende tudo isso. É uma leitura de fé do contexto globalizado e pós-moderno no qual vivemos e labutamos dentro e fora dele, contexto esse interpretado na ótica da opção preferencial pelos pobres (cf. DP 1134) e que se expressa na solidariedade com todas as categorias de pessoas. A nossa opção é feita pelas massas de pessoas *pobres e oprimidas* e pelas massas de pessoas *excluídas ou sobrantes*. Numa palavra, optamos por falar da vida integral dos nossos povos.

II - Duas realidades nos interpelam: os pobres e os excluídos

São realidades desafiadoras porque clamam com voz cada vez mais forte e contundente, as primeiras por *justiça* e as segundas por *vida*. A voz das massas pobres e oprimidas e das massas excluídas ou sobrantes encontram eco e significado na fala de Maria quando, com seu Magnificat, anuncia ao povo a chegada próxima do Messias, do Deus Libertador do povo de Israel e nele toda a humanidade.

Esse modo típico de expressar a fé é um selo de esperança que marca as massas oprimidas na luta pela *justiça* e as massas excluídas na luta pela *vida*. Tais pessoas só contam com o socorro vindo do

Messias. O critério para essa reflexão mariológica à luz do Magnificat é o de dar o protagonismo da história a essas duas categorias de pessoas que são as *pobres e oprimidas* e as *excluídas ou sobrantes*. Do Cântico de Maria atribuo à primeira categoria, isto é, às pessoas pobres e oprimidas, as frases e as expressões que clamam a Deus por *justiça* mais explícita e diretamente, e às pessoas excluídas ou sobrantes atribuo as frases e as expressões do mesmo cântico que clamam por *vida* em todas as suas dimensões.

A partir desse contexto a proposta é, portanto, refletir a figura de Maria à luz do cântico do Magnificat que Lucas atribui a Maria de Nazaré (BOFF, Lina, 1993: 95-115, 1997; BOFF, Leonardo, 1996; GEBARA, 1987: 93ss.; MESTERS, 1993; CANTALAMESSA, 1992: 5-12, 185; PINKUS, 1991: 156-169)[2], o qual inspira o anúncio e a prática das massas pobres e dá voz e vez às pessoas excluídas através da reflexão teológica.

III - O Magnificat e as massas pobres

A fala de Maria em seu Cântico de ação de graças é evidentemente centrado na história humana e é um discurso político-religioso (Lc 1,50-53). Se na primeira parte desse cântico (v. 46-50) destacam-se os elementos líricos do Magnificat, onde Deus deixa aparecer sua bondade, seu olhar de ternura e suas entranhas de misericórdia, na segunda parte temos que contar com vários contrastes que precisam ser explicados[3].

---

2. "Quegli occhi tuoi misericordiosi" – Riparazione nel duemilla: una cultura che genera vita. In: *Atti terzo convegno mariano delle Serve di Maria Riparatrici*. Centro Mariano Rovigo, 1996, p. 273-284.

3. Esta expressão foi assumida do *Tratado de Mariologia Social*, de BOFF, Clodovis, 2006: 357s.

1. Manifestou o poder de seu braço

Este versículo fala do "braço" de Deus, uma metáfora que na Sagrada Escritura é chamada de "potência divina", porque Deus opera através das mediações humanas, mas também para além dessas. O profeta indaga: *Quem acreditou naquilo que ouvimos, e a quem se revelou o braço do Senhor?* (Is 53,1). Com o anúncio *agiu com a força de seu braço*[4] (Lc 1,51), Maria interpõe sua autoridade-serviço entre Deus e as pessoas de todas as categorias e as massas pobres e oprimidas que querem a libertação. Nesse caso, Maria toma parte da causa das pessoas mais fracas; dá medidas próprias do seu bom ofício para salvar a integridade física e moral dessas pessoas; põe em debandada para diferentes direções o pensamento e a atuação transviada dos homens e das mulheres que guardam no seu íntimo ideias e pensamentos do mais refinado orgulho (cf. Lc 1,51); apressa o passo incerto e duvidoso de grupos que programam e criam injustiças das mais variadas formas, colocando-os à deriva; grita bem alto que o braço do Senhor intervém precipitando para o despenhadeiro as pessoas orgulhosas, e dá ordem expressa de se afastarem com mãos vazias e devolverem o que roubaram (cf. Lc 1,53).

Com essa atitude de Maria, e sobretudo com a sua fala direta e objetiva, é que as massas pobres organizadas ou não organizadas se identificam e encontram, no Magnificat, inspiração para agirem de maneira evangélica e inteligente. A consciência cristã de compromisso com a construção do Reino impulsiona essas pessoas a construí-lo na sua dimensão intraterrena, sem perder de vista a dimensão transterrena, a dimensão escatológica desse Reino. Deste versículo nasce a vida que passa pela mística do vigor.

---

4. A Bíblia de Tradução Ecumênica (TEB) traduz este versículo da seguinte forma: "Ele interveio com toda a força de seu braço" (Lc 1,51).

2. A mística do vigor: em que consiste

A mística do vigor encontra sua forte expressão verbal e sua significativa representação prática quando Maria deixa transparecer sinais e representações do agir divino. Este tem suas características contrastantes e movimentadas. *Ele interveio com toda a força do seu braço*, dá a esta expressão um sentido de força e energia vitais. Mas não só. Seguida da segunda, *dispersou os homens de pensamento orgulhoso*, explica claramente que a proclamação de Maria é referente ao poder de Deus, que não é só a favor dos humildes, mas é contra os orgulhosos. Porque Deus é a favor dos humildes é que Maria se coloca contra os soberbos que os oprimem. O eixo central do cântico evidencia sempre a relação *humildade--grandeza*. À força física do braço divino se opõe a arrogância dos pensamentos orgulhosos do coração humano (VALENTINI, 1987; 108-109).

Maria levanta o tom de seu cântico, enérgico e profético. Dietrich Bonhöffer apresenta a atitude de Maria com estas palavras:

> Não fala aqui a doce, terna e sonhadora Maria das imagens, mas uma Maria apaixonada, impetuosa, altiva, entusiasta. Nada dos acenos edulcorados e melancólicos de tantos cantos de Natal, mas o canto forte, duro, impiedoso dos tronos que desmoronam, dos senhores humilhados, da potência de Deus e da impotência dos homens (BONHÖFFER, apud BOFF, Clodovis, 2006: 355).

A robustez ativa dessa mística introduz a explosão decisiva de Deus que socorre seu povo mudando o movimento escabroso da história. Cheia do Espírito de Deus Maria exulta no seu espírito fazendo claras referências temporais que abraçam passado, presente e futuro (KOHAFONG, 1997: 177-195) do projeto salvífico do Pai: *A sua bondade se estende de geração em geração sobre aqueles que o temem* (Lc 1,50). Aqui se mostra a misericórdia de Deus que perpassa todas as gerações. Pois a maior demonstração de força do braço divino, que mostrou à humanidade toda, foi a de ter ressuscitado Jesus da morte para que nós não morrêssemos mais. Com a ressurreição de Cristo, Deus manifestou um poder que vence o pecado e todas as suas consequências, coisa totalmente fora das possibilidades inúmeras dos homens de hoje. *Ora, Deus que ressuscitou o Senhor, ressuscitará também a nós, pelo seu poder* (1Cor 6,14).

3. O Deus do Magnificat dispersa...

Quando Deus age através das mediações humanas, torna-se evidente onde está a força e onde está a debilidade e a fraqueza (LUTERO, 1989: 108-109). Se, porém, é Deus mesmo que age com seu braço, as coisas se dão através de uma ação não violenta de derrota de seus adversários. A ideia aqui não é de morte e destruição, mas de desarticulação das forças que não constroem em favor das pessoas pobres e oprimidas.

Com o anúncio *dispersou os homens de coração orgulhoso* (Lc 1,51b), Maria em seu cântico entende falar dos soberbos de coração. A soberba é uma categoria espiritual, por isso mesmo o seu sentido profundo vai muito além do simplesmente sociológico. Exemplo clássico disso é a parábola de Jesus que fala do fariseu e do publicano (cf. Lc 18,9-14). Um situa-se na ordem espiritual e outro na ordem social (BOFF, Clodovis, 2006: 357).

A prepotência afunda suas raízes, no mais íntimo do coração humano, para além de todas as estruturas de opressão. Esta convicção é um ensinamento para todos, pois vai para além do rico e para além do pobre. Os pobres e os oprimidos também podem cair na arrogância e se tornarem opressores tanto quanto ou até mesmo ultrapassar os limites do senso humano. Aqui me ocorre a contribuição dada por Paulo Freire, grande educador da consciência conscientizada, quando aborda em seu livro *Educação para a liberdade*, a questão do risco que se corre de introjetar a figura do opressor e tornar-se um deles.

Não sem razão que o Magistério pastoral insiste na necessidade de enlaçar conversão dos corações e transformação das estruturas, ainda que o primeiro pólo detenha um primado incontestável, como diz Puebla: *A evangelização tem de calar fundo no coração do homem e dos povos. Por isso sua dinâmica procura a conversão pessoal e a transformação social* (DP 362).

A ideia "dispersar" evoca a neutralização de forças que convida à deserção das forças que não constroem em favor dos mais pobres. Não se trata de destruir as pessoas que detêm forças contrárias ao bem, mas trata-se de neutralizar sem destruir. Esta ideia vem ao encontro do pensamento de Deus que diz através do profeta: *Não tenho prazer na morte do ímpio, mas antes na sua conversão, em que ele se converta de seu caminho e viva. Convertei-vos, convertei-vos de vossos maus caminhos* (Ez 33,11). Desta teologia nasce um conceito de vida que passa pela mística da profecia e da ética.

4. A mística da profecia e da ética: em que consiste

A ação de Maria e a ação do Espírito se misturam para produzirem juntas uma só manifestação histórica. Animada pelo Espírito, Maria proclama a mensagem que recebe de Deus como experiência profunda que ela teve de um Deus santo e misericordioso (cf. Lc 49–50). Maria de Nazaré olha para os humildes porque se sentiu olhada na sua humilhação e olha para os famintos porque sentiu fome do pão de cada dia e do pão que sacia para sempre. Pela mediação dos pobres, os humildes e os famintos, Maria retorna ao momento de seu encontro originário com o Deus santo, momento em que se sentiu chamada a realizar obras e gestos que tornassem visível o Reino de Deus.

Para a mulher profética do Magnificat estas obras não são a proclamação verbal do texto fixo da lei, da tradição, mas a luta; não é só o discurso que faz profética a atividade e a vida, mas o compromisso com a justiça que confere à proclamação uma eficácia humano-divina (CUNHA, 1984: 299ss.) que o Senhor Todo-poderoso reconhece e premia com o poder de seu braço (cf. Lc 1,51). A profetisa do cântico do Magnificat lembra ao seu povo:

- que a bondade de *Yahweh* se estende sobre todos e sempre;
- que Ele interveio em favor dos pobres;
- que desfez o conluio dos orgulhosos;
- que tirou do poder os que despoticamente mandavam;
- e que fez sair com mãos vazias os que abundavam na riqueza acumulada às custas dos humildes e famintos.

A mensagem desta profetisa está enraizada na tradição que o povo esqueceu, e ela, neste cântico, re-memora (VV.AA., 1985 [toda a revista]). Se de um lado temos uma mulher como Maria de Nazaré que articula e interpreta a missão recebida de seu Deus de acordo com as necessidades do povo e do seu contexto, por outro nos deparamos com os piedosos israelitas que rezam os salmos. Num e noutro contexto temos a marca da religiosidade autêntica e da ética que perpassa toda a vida destas pessoas. Mas não basta isso: é necessário que alguém desperte o povo do seu torpor e quem o faz é uma mulher da pobre e obscura Nazaré, uma mulher que, habitada pelo Espírito se reconhece estar a serviço e como tal se coloca em disponibilidade para o trabalho do plano salvífico de Deus.

Este plano se chama Reino de Deus e foi Jesus Cristo quem nos trouxe este Reino. Ao mesmo tempo que este Reino é escatológico, ele se manifesta através de sinais muito concretos, tais como: comida para todos, saúde e educação para todos, casa e lazer para todos. Em palavras simples e diretas, pode-se afirmar: foi esta a revolução que Maria quis proclamar no seu cântico. A realização concreta deste seu projeto levou-a a estar de pé junto à cruz de Jesus.

5. Depôs poderosos de seus tronos

Este modo de agir de Deus, e os sucessivos, é um modo de ação facilmente compreensível das suas duas ações precedentes: *Agiu com a força de seu braço, dispersou os homens de coração orgulhoso* (Lc 1,51). Segundo muitos comentaristas desse cântico, fazem notar que Maria não diz que Deus derruba, despedaça, fragmenta os tronos (LUTERO, 1989: 117-119). Mas diz sim que tira dos tronos os poderosos que não fazem uso de sua autoridade para servir à justiça em favor dos pobres e excluídos.

Com o anúncio *precipitou os poderosos de seus tronos* (Lc 1,52), Maria lança de cima para baixo as pessoas que se fizeram autoras de um lugar de poder pelo poder, às custas das massas pobres; cria uma situação desfavorável para os grupos que programam o empobrecimento e a injustiça, e desse modo dá lugar à nova gestação histórica de uma humanidade que sai do fundo dos porões da atual organização social; levanta a possibilidade impetuosa do perigo que o dinamismo transformador dessas massas possa representar para o projeto de globalização neoliberal dos chefes das nações que programam para seus povos.

Nesse caso, Maria se coloca do lado dos movimentos sociais populares e alternativos, tais como: o dos sem-terra aos negros e às mulheres, com o fascínio da Mulher que sustenta o dinamismo e a inventividade das massas pobres. Estes elementos faltam frequentemente aos programas oficiais de partidos e de grupos até bem-intencionados, mas com pouca consciência crítica. Não só, mas com essa proclamação, Maria levanta a arrojada questão vital: as chamadas massas pobres e oprimidas estão muito além do que pensamos, no centro da nova história em gestação.

Esta linguagem vem cheia de convicção. As massas pobres encontram nela elementos evidentes de como explicar o *porquê* dessa situação, quando se sabe que a humanidade dispõe de recursos suficientes para erradicar a miséria da face do planeta. Mesmo assim, Maria faz uma indicação da existência de grande parte dos continentes, de homens e de mulheres que nelas vivem, estão praticamente condenados à fome e ao sofrimento desde o seu nascimento.

Maria vê a realidade das contradições e põe a nu a verdade social. A denúncia de Maria no Magnificat é profética porque parte da vontade de Deus. A profecia não tem como objetivo primeiro o poder político, mas Deus e seu Reino. O cristão que recitar o Magnificat hoje, e tiver consciência da situação política em que o povo vive, não tem dificuldade de trazer à mente a sinistra figura de tantos chefes de Estado no seu modo de serem déspotas e tiranos e na figura da democracia vigente.

Mas para entendermos bem a teologia do Magnificat precisamos sempre situá-la em seu transfundo pascal (BOFF, Clodovis, 2006: 365). As potências que Deus quer abater é a opressão que o Filho messiânico da Virgem vem trazer: é o pecado que se instala no coração humano e faz estragos em todas as dimensões da vida; é a carne que impõe a atração das forças do mal sempre mais para baixo; é a lei que encastra a liberdade de espírito, o qual dinamiza a ação da graça; e é a morte que acaba com tudo o que Deus criou de bom e de belo para o ser humano.

Estas são as forças a serem abatidas. Por isso, celebra-se a chegada da libertação integral que atinge também os poderes iníquos. Esta libertação é a vida que age na história. Esta teologia tem uma mística própria. É a mística da militância que defende e promove a vida.

6. A mística da militância: em que consiste

Para o cristianismo as libertações sócio-históricas são abertas à transcendência e apontam para o Reino de Deus. Todas as pessoas de boa-vontade participam desse processo libertário e humanizador que se dá dentro do cotidiano como processo trans-histórico. A militância feita com mística saboreia a Deus a partir das pessoas que clamam por vida e contemplam a Deus no rosto dessas pessoas. A mística e a contemplação, portanto, constituem uma única experiência fundante: o Deus proclamado por Maria no cântico do Magnificat não se encarnou na pessoa do poderoso em seu trono, nem do sumo sacerdote em seu altar, nem do sábio em sua cátedra, mas na pessoa do oprimido e excluído que acaba fora da terra, da cidade e é crucificado (BOFF, Leonardo & FREI BETTO, 1994: 49-66).

O mistério transcendente que se encarnou se encontra crucificado. Grita na cruz por vida e quer ressuscitar. A ressurreição de Jesus crucificado quer reafirmar o primado da justiça e da vida (BOFF, Leonardo, 1993: 141-170). A mística da militância que nasce do mistério pascal se inspira na fala da Maria do Magnificat para exigir justiça e vida enquanto serviço solidário realizado na esperança. A mística vivida na militância tem sua fonte no mistério pascal por ser histórica, passa pelo testemunho evangélico e pelo serviço solidário da evangelização porque esta inclui a justiça humana e divina. Esse testemunho configura uma mística cristã que se expressa em algumas atitudes consideradas fundamentais para o/a militante, hoje. Tal experiência expressa-se sobretudo nestas atitudes:

- na primazia dada à Palavra de Deus;
- no amor ao povo;
- na confiança depositada nele;
- na valorização daquilo que Ele realiza;
- no serviço gratuito;
- na descoberta da misericórdia e da justiça em cada encontro que o/a militante faz com Deus, Comunidade de Amor.

A experiência mística feita na militância atinge sua expressão plena quando se faz prática do cotidiano, uma prática aberta ao Transcendente, ao Inefável, ao Deus-Comunidade de Relação Amorosa. O impulso dessa experiência mística permite que se ilumine toda a vida, num processo de elaborar uma imagem de Deus como comunidade relacionada e de comunhão.

7. Despede os ricos de mãos vazias

Os autores sagrados da Escritura mostram ter em mente falar sobre o fim daqueles que egoisticamente tudo possuem e têm como finalidade tornar evidente a bondade infinita de Deus para com aqueles que nada possuem, cumulando-os de bens. A maioria dos exegetas coloca este versículo num plano socioeconômico. Maria se antecipa ao Filho, proclamando como bem-aventurados os famintos porque serão cumulados de bens (cf. Lc 6,21).

Com a ordem *e os ricos despediu-os de mãos vazias* (Lc 1,53) o Cântico da Virgem indica-nos dois tipos de riquezas, a material econômica e a espiritual ética. O dito de N. Berdiaev é conhecido por nós. Ele diz o seguinte: "Se eu tenho fome é uma questão econômica, mas se meu irmão tem fome é uma questão religiosa". Significa dizer: a fome do pobre é um problema mais que simplesmente material ou social; é um problema espiritual, moral e mesmo teológico.

Maria dispensa os serviços assistenciais filantrópicos dos grupos empresariais que dominam a economia de mercado; despacha a presença de tais grupos, junto com seu "espírito humanitário", pois fingem dar esse testemunho quando fazem suas ofertas generosas para serem abatidos no Imposto de Renda e de outras taxas sociais sempre sonegados ao campo social dos povos empobrecidos.

Nesse contraste tudo indica que Maria coloca um desfecho ao seu protesto contra os ricos, mandando-os embora; Maria formaliza publicamente um título de crédito para as massas pobres, assegurando-lhes o crédito de direito; Maria carrega sobre si mesma a indignação popular, e solta em alta voz a resolução inabalável tomada em favor das massas destituídas dos bens básicos para que tenham uma vida humana vivida com dignidade.

Essa atitude corajosa de Maria torna-se lema de vida cristã consciente que nada tem de ingenuidade, e é igualmente processo de identificação para uma prática que faz do cristianismo um projeto de vida e de revolução evangélicas. É nessa luz que as massas pobres e oprimidas aplicam para a sua vida de fé a fala e a atuação da Mulher de Nazaré. A teologia deste versículo nos leva a uma mística do serviço solidário que faz renascer a vida.

8. *A mística do serviço solidário* (ORDEM DOS SERVOS DE MARIA, 1996; cf. SOBRINO, 1992: 189-204): *em que consiste*

A experiência mística do serviço solidário é a mística que dá formas distintas à atuação do espírito humano de Maria, espírito esse que a remete ao Espírito divino e este ao espírito do Pai. É a mística da revelação do sempre novo e antigo mistério de Deus Pai Filho Espírito Santo (cf. Rm 16,25-27), que Ele dá a conhecer através da salvação (BOFF, Clodovis & BOFF, Leonardo, 1979: 106-107) proclamada por Maria e realizada por Jesus. A partir de agora, Jesus e o Espírito já habitam em meio a seu povo capaz de testemunhar publicamente o mistério presente-futuro da Encarnação, tornado possível pelo SIM de Maria. O útero de Maria abre-se para o imenso útero da humanidade inteira. A mística do serviço solidário é finalmente a mística da celebração e do louvor à Comunidade Divina. Ela celebra a chegada do Evangelho como Boa-Nova a partir da palavra de Jesus. Esta Boa Notícia se expressa como atuação libertadora do Espírito e como revelação do projeto salvífico do Pai.

Nesse âmbito o Magnificat não pode ser um simples salmo judaico, mas um cântico dos nossos pais e mães ancestrais. Se por um lado o Magnificat reflete uma mentalidade inteiramente hebraica, deve-se acentuar por outro que ele celebra um evento salvífico extraordinário no qual encontram seu cumprimento as promessas da Escritura.

No Magnificat Maria se apresenta como a mulher do serviço solidário porque vive uma mística do compromisso ético com seu povo; articula com a vida prática o impulso do Espírito de Deus que se encarna nela como mulher inserida no meio do povo e na vida do mistério do plano salvífico do Pai. Esse grande mistério da salvação não o compreenderam os poderosos e poderosas deste mundo, mas uma mulher simples do povo. Desta forma a mulher de Nazaré testemunha a sua missão de SERVA, torna-se como que "administradora" dos mistérios de Deus (cf. 1Cor 4,1), porque estes são revelados pelo Espírito.

A Serva do Senhor pertence, como Israel, à descendência desse mesmo povo sobre quem a bondade do Senhor se estende de geração em geração (cf. Lc 1,50). A linguagem é própria de um campo semântico religioso. Junto, porém, a essa dimensão religiosa do vocabulário empregado, existe a dimensão social e política. Maria afirma um Deus histórico, um Deus que intervém com sua justiça para dispersar os orgulhosos, precipitar os potentes e despedir os ricos. Estes e outros contrastes qualificam e caracterizam o cântico. Vê-se bem que tal contexto é dominado pela intervenção de Deus. Esta intervenção vira de cabeça para baixo a situação humana da história, as condições sociais dos povos, a violência que embrutece, mata e é responsável pelas relações assimétricas que tecem o chão desafiador do nosso povo.

Para o povo desta realidade o serviço tem uma fisionomia toda particular: é uma relação de total pertença a Javé fundada na libertação e no pacto da aliança. Deus não é só o guia, o Senhor Javé, mas igualmente o protetor e defensor do seu povo, especialmente das pessoas humildes e oprimidas. Dentro deste quadro o povo mostra que experimentou a própria fragilidade no exílio: distanciando-se do verdadeiro Deus remete-se, agora, a Javé em atitude de humilde confiança e filial amor.

Os pobres e os humildes pertencem a Deus, confessam o seu nome e esperam tudo dele. Nesse contexto, o serviço solidário significa, sobretudo, uma atitude mística que se abre para projetos concretos, num impulso irresistível de conservar a vida onde ela escasseia ou esse serviço está ausente. Maria faz parte desta categoria de pessoas pobres que esperam a salvação messiânica. O Magnificat, portanto, é também uma expressão de serviço, de solidariedade, de humildade e de ação redentora.

IV - O Magnificat e as massas excluídas

O Magnificat para as massas excluídas (BOFF, Clodovis, 1998: 21-22)[5], que são as pessoas excluídas socialmente, ou so-

---

5. Notar que os "excluídos" aqui são os "excluídos sociais" (e não apenas os excluídos do "mercado formal"). São os destituídos que vivem em condições de vida miseráveis, abaixo do nível da pobreza e que necessitam da assistência do Estado ou da sociedade. O neoliberalismo os produz aos milhões. Daí a atualidade da questão. A

brantes, deixa claro aqui que é a reflexão teológica a dar voz às pessoas excluídas. Trata-se de milhões que vivem na miséria e têm como estratégia economizar forças para sobreviverem. A essas pessoas excluídas atribui-se os versículos do Magnificat que expressam uma atitude de vida e de misericórdia.

Enquanto a pessoa pobre encontra um estreito lugar ao sol dentro do sistema, seja de forma individual ou coletiva, a exclusão se caracteriza pela presença em massa da *não pessoa*. Quem é a *não pessoa*? Em nosso contexto, a *não pessoa* é toda a pessoa excluída dos bens primários e básicos para a vida do sistema vigente, do universo cultural de seu povo e até da sua própria comunidade cristã ou religiosa.

Enquanto as massas pobres e oprimidas clamam por *justiça*, as massas excluídas clamam por *vida*. As massas excluídas se caracterizam por três traços que clamam por *vida* e por isso desafiam toda a profissão de fé em Jesus Cristo.

Em primeiro lugar, as pessoas excluídas se sentem rejeitadas, não queridas e sobrantes. Esse sentimento exige que se reconheça a dignidade humana dessas pessoas, para que se crie condições de acolhê-las e dar-lhes gestos de amor concreto e gratuito. Em segundo lugar, essas pessoas não gostam de soluções violentas, urgentes ou apressadas. Essa atitude exige de nossa parte respeito pelo seu modo de solucionar os graves problemas de forma pacífica e mansa.

Finalmente, as pessoas excluídas encontram na religião a melhor solução. Para essas pessoas Deus não é mistério, é evidência;

---

parte utilizada para a presente reflexão é da autoria de Valdemar Boff: trabalha com os excluídos da Baixada Fluminense, coordena uma ONG que prioriza a educação popular e a conservação ambiental. É pai de cinco filhos e vive a espiritualidade franciscana à maneira mais autêntica possível de São Francisco de Assis. Com esta força espiritual e temporal Valdemar fez a pé, como peregrinação, a estrada que parte de Roma até Assis. Foi uma semana de peregrinação, acompanhada de meditação contemplativa e mística.

não é enigma, é luz. Religião não é problema, mas solução. Tal prática exige que se respeite o direito que elas têm de viver a religião como fator fundamental de sentido e de resposta às consequências da exclusão que pesa sobre essas massas.

As atitudes que clamam por *vida* são carregadas de paciência a toda prova, isto é, carregadas de uma paciência histórica. As pessoas excluídas alimentam a confiança na justiça imanente da vida; sonham com a chegada do dia em que "lavarão sua alma" de todas as tribulações e injustiças; aguardam a manifestação plena da vida--com-sentido, sentido que é vida dentro da vida. Como a Maria do Magnificat entra nesse sonho cheio de confiança?

Aqui é a teologia que reflete a partir das condições de miséria das pessoas excluídas. No quadro dessa realidade vital, a reflexão teológica se inspira na Mulher do Magnificat para responder ao clamor das *não pessoas*. Maria, portanto, coloca-se do lado dessas massas quando proclama que a vida está chegando porque:

- os humildes são exaltados;
- os famintos cobertos de bens;
- os excluídos são socorridos;
- os deserdados da história contam com descendência.

1. As pessoas humildes são exaltadas

Com a proclamação *exaltou os humildes* (Lc 1,52), Maria explode com todos os seus sentidos e todo o seu ser para exaltar as pessoas que têm dentro de si mesmas o sentimento da sua fraqueza (ORIGENE, 1976: 437-438) e que, pela sua reverência e seu respeito à vida, enternecem o coração de Deus; Maria levanta sua voz para exaltar, num cântico e em versos, a confiança depositada no Deus da vida dessas pessoas; Maria engrandece e afama por todas as gerações a acolhida carinhosa e intensa da chegada dessa vida por parte das pessoas que foram sujeitas à humilhação de grupos prepotentes (cf. Lc 1,52).

Maria está presente em meio a essas pessoas como a Mulher que dá vida porque a dinamiza (BOFF, Lina, 1998: 107-115). As pessoas excluídas querem sobreviver e nada mais; não ousam diante dos desafios, nem arriscam diante do perigo de expor a própria vida, pois elas têm consciência de que no enfrentamento de forças perdem e saem apanhando como sempre. O que elas procuram fazer é economizar o sopro de vida que lhes vem de Deus. Poupam o desperdício de energia vital para segurar a vida e se manterem de pé com dignidade e soberania. São consideradas pelo sistema inúteis e constituem um sério problema para a "ordem normal" das coisas.

No entanto, essas pessoas são detentoras do segredo da vida e, por conseguinte, são capazes de testemunhar e dizer à sociedade, a qual programaticamente as exclui, de que o segredo da vida não está em mãos humanas. É daqui que nasce a profunda e jovial esperança das massas excluídas. Elas colocam esse princípio vital fora do alcance humano, porque o poder sobre a vida pertence a Deus, o Senhor da vida.

2. As pessoas famintas são saciadas (BOFF, Leonardo & BOFF, Clodovis, 1986: 382-394)

Com a afirmação pública *os famintos, Ele cobriu de bens* (Lc 1,53), Maria garante da parte do Deus da vida a grande quantidade de bens que satisfaz a fome e a sede das massas excluídas; deixa entrever nas suas palavras e na sua voz de Mãe da vida, que das pessoas famintas não se sacia só a fome, mas a fome e a sede, os sentimentos e os desejos, a comunhão e a participação.

Com essa atitude profética Maria afirma que o Deus da vida cobre as massas excluídas de alimento, de víveres que criam condições sociais de fazer a experiência da felicidade coletiva dos filhos e filhas de Deus; estende por cima das massas excluídas a benevolência do seu gesto e a brandura de sua palavra que lhes anuncia a Boa-Nova integral: o primeiro dos bens é o pão cotidiano, para que essas massas possam chegar ao pão da Palavra (BOFF, Leonardo & BOFF, CLodovis: 1986: 382-394). É o pão da Palavra que pervade toda a vida, com vistas, porém, a atingir o pão da mesa onde o próprio Jesus Cristo se doa como alimento (p. 382-394).

Assim sendo, no pão da Palavra e na urgente necessidade do pão de cada dia dá-se a união de dois elementos distintos mas vitais, que na experiência da vida humano-divina resgatam a nobreza, a dignidade e a honra devidas à Comunidade Divina, honra e louvor cancelados da face das massas cobertas de fome e por isso excluídas do convívio humano e social.

A reflexão teológica brotada dessa realidade tão contraditória e inclemente para as massas excluídas dos nossos povos do continente latino-americano, Caribe, a fome de Deus será sempre a questão mais decisiva, mas a fome do pão nosso de cada dia continua sendo a questão mais urgente (BOFF, Leonardo & BOFF, Clodovis, 1986: 382-394) para chegar à fome de Deus. É esta fome que determina a caminhada histórica de fé dos nossos povos.

3. As pessoas desamparadas são socorridas

Com a afirmação *Veio em socorro de Israel, seu servo, lembrado de sua bondade* (Lc 1,54), Maria entra em defesa das massas de pessoas que com a exclusão foram largadas ao abandono; a fala da Mulher de Nazaré proclama que Deus não é um desertor: Ele não deixa de sustentar, de segurar e de amparar as vítimas da situação dialética do sistema econômico com suas graves consequências para o social; o grito de Maria sai de um contexto de proscrição, de desterro; é um grito que exige a realização do tempo dinamizador da vida, não como *kronos* – tempo das décadas que se sucedem sem nada trazer de novo – mas do tempo como *kairós*, o tempo oportuno do "aqui" e do "agora", com vistas ao "ainda não", tempo feito com o dom e com a dádiva de Deus.

Conserva-se na memória de Maria aquele que deixou de si a lembrança não somente nela, mas no povo todo que ela representa nesse evento profético. Assume uma atitude de profetisa enquanto lembradora dos gestos concretos de Javé junto a seu povo na caminhada do Êxodo (deserto). Quem é o profeta, senão aquele e aquela que lembram ao povo as coisas reveladas pelo Pai, mas esquecidas na hora do sofrimento e do exílio?

A felicidade coletiva depende de um conjunto de condições sociais e religiosas que a possibilitem. E é aqui que se nos dá a conhecer um dos sinais concretos da bondade de Deus, bondade aclamada fortemente pela Mulher de Nazaré. Os sentimentos que se passam dentro dela podem ser traduzidos partindo da realidade em que vivemos, da seguinte maneira:

- Maria aprova a felicidade terrena e transterrena que brota da justiça divina;
- Diz em alta voz que as pessoas excluídas são tratadas por Deus com afeição, brandura e merecem o título de *pessoas bem-amadas, queridas*;
- Afirma que a benevolência divina para com a vida das pessoas queridas não deixa impune a opressão programada e o roubo pré-meditado dos bens;
- Anuncia com toda a sua fé, e com toda a *dynamis* do espírito de Deus que a pervade, a graça encarnada de Javé com essas palavras: Deus veio em socorro de Israel com sua bondade; e veio como dissera aos nossos pais, começando por Abraão e sua descendência para sempre (cf. Lc 1,54), isto é, os deserdados da história contam com descendência imortal.

A partir desse tempo começa o novo tempo, o tempo da plenitude, o qual se plenifica com a eternidade. Os deserdados da história contam com descendência e o Senhor Javé é proclamado o Senhor da Vida, porque Ele é a fonte dessa vida, Ele é a descendência dos pobres e dos excluídos.

No momento atual, a perspectiva teológica latino-americana e caribenha reflete os mistérios da fé a partir desse contexto, um contexto povoado pelas pessoas pobres e excluídas. Tal contexto é interpretado na ótica de uma clara e profética opção preferencial pelos pobres (cf. DP 1134), opção feita hoje em favor das massas oprimidas e das massas excluídas. Repetimos: enquanto as primeiras clamam por *justiça*, as segundas clamam por *vida*.

Esta é a leitura que se faz à luz de nossa reflexão teológica. Considera-se essa experiência um processo, ou melhor, um evento do Espírito, evento que já tem uma caminhada de décadas: nasceu como aplicação prática do Vaticano II, e legitimado e estimulado pelas conferências episcopais de Medellín, Puebla seguida por Santo Domingo. Concluo com duas afirmações: a primeira consiste na mística que pervade todo o cântico do Magnificat. Esta encontra sua forte expressão na oração contemplativa que deixa entrever Deus atuando na história; e a segunda afirmação quer se apoiar no continuado e firme compromisso espiritual e ético pela construção do Reino.

V - A vida que passa pela mística de Maria nos interpela

Dos versículos que seguem pode-se perfilar alguns traços da experiência mística da libertação ou do compromisso ético, traços que sobressaem na pessoa de Maria de Nazaré ao proclamar seu cântico. Destacam-se aqui estes traços:

> Ele interveio com toda a força do seu braço; dispersou os homens de pensamento orgulhoso; precipitou os

poderosos de seus tronos... E os ricos despediu-os de mãos vazias (Lc 1,51-53).

Salta aos olhos da percepção humana os contrastes que tecem a força significativa da fala atribuída a Maria. Os verbos empregados, tais como *interveio, dispersou, precipitou, despediu*, falam de uma virada da situação: neste caso, a de uma prática dos poderosos que esvazia o potencial histórico-salvífico dos pobres, para dar espaço a uma prática do vigor, da eficácia e do serviço gratuito destes mesmos pobres. São os pobres que enchem até às bordas a taça do banquete do Reino, o qual se faz visível nas situações históricas que atendem ao serviço da vida. Estas situações são indicadoras do Reino que há de vir.

O cântico do Magnificat coloca em evidência algumas expressões mais fortemente ligadas à experiência da mística contemplativa de Maria, que fala da exaltação dos humildes como correlato bíblico da humilhação dos soberbos. Veja como Maria proclama a reabilitação das pessoas consideradas excluídas:

> e exaltou os humildes; os famintos, Ele os cobriu de bens.Veio em socorro de Israel, seu servo, lembrado de sua bondade, como dissera aos nossos pais em favor de Abraão e da sua descendência para sempre.

Primeiro traço: Maria descreve a experiência contemplativa como experiência da unidade. Esta se dá através da imersão no mundo dos humilhados, dos famintos e dos que gritam por socorro.

Segundo traço: Maria penetra neste mundo com sua fé porque acredita na palavra que lhe foi anunciada: o filho que está esperando é SANTO, porque é Filho do Deus Libertador.

Terceiro traço: Maria deixa-se absorver por Deus que cobre de bens os pobres, socorre o seu povo e presenteia toda a esterilidade com abundante descendência.

1. Maria proclama os feitos de Deus (TUROLDO, M.D. & RAVASI, G., 1987)[6]

Proclamar os feitos de Deus (cf. Sl 104,1-7) é anunciar a salvação que está irrompendo na vida das pessoas, no cosmos e na vida de todos os povos. O verbo *anunciar*, na boca da Maria do Magnificat, significa que ela afirma com ênfase e publicamente que o seu espírito, no Espírito do Senhor Javé, se antepõe à palavra anunciada pelos profetas, e que não foi realizada em plenitude na prática da vida cotidiana e na história do seu povo. A palavra dos profetas foi desconhecida e desprezada por aquelas pessoas fechadas ao Espírito do Deus salvador que falou pela boca de tais profetas (cf. Lc 1,70). Veio uma mulher, Maria, ouviu a palavra, acreditou e deu à luz o autor único dessa salvação, que é Jesus.

Ao mesmo tempo Maria proclama os grandes feitos do Senhor a partir do mistério da iniquidade que toma forma concreta no peso da injustiça e na opressão das pessoas alquebradas e excluídas da história, ela coloca todas estas pessoas em relação com a graça divina, por ser a *cheia de graça* e mãe de Deus, fonte da graça.

Por isso Maria afirma um Deus que exalta os humildes, cobre de bens os famintos, socorre a todos com sua bondade e favorece uma descendência feliz e abundante a todas as pessoas deserdadas. Maria vive no Espírito do Senhor Javé; este mantém permanentemente uma relação amorosa e terna com a viúva, o órfão, o estrangeiro; e continua hoje no rosto das pessoas pobres e excluídas do nosso sistema de morte. Nestas pessoas Maria encontra o Espírito

---

6. À página 357, o Salmo 104(105) fala dos feitos (da gesta) do Senhor em favor da história do povo de Israel oprimido e é assim introduzido: Poderão outros povos oprimidos, os pobres de sempre, ou pobres de todo o mundo: esta humanidade escrava como o antigo teu povo, Senhor; poderá este oceano de pobres cantar um dia o salmo da libertação? Ou haverá somente novos faraós sem novos êxodos? Que sentido terão as nossas Páscoas e este cantar ainda salmos, se nos encontramos coniventes com os mesmos faraós? Ó igrejas!...

de Vida do Senhor Javé que se derrama em abundância, e por isso tudo Maria proclama:

> Minha alma exalta o Senhor e meu espírito se encheu de júbilo por causa de Deus, meu Salvador. Porque Ele pôs os olhos sobre a sua humilde serva. Sim, doravante todas as gerações me proclamarão bem-aventurada, porque o Todo-poderoso fez por mim grandes coisas. Santo é o seu Nome. A sua bondade se estende de geração em geração sobre aqueles que o temem.

Os feitos que Maria proclama com seu espírito, com sua alma, com seu corpo, numa palavra, com toda a força da sua personalidade identificada com a esperança de seu povo, com toda a sua corporeidade, são a Graça, o Reino, a Salvação; dons que passam pela prática dos homens e das mulheres construtores da nova história humana. O anúncio de Maria é da ordem da salvação oferecida a todos os povos, é a salvação universal. As práticas da ética humana e social, a luta popular, o compromisso com a transformação social, o trabalho com os empobrecidos, tudo nasce da inspiração interior das pessoas, da mística poderosa do Espírito, numa palavra, nasce do chamado do Senhor.

2. Maria descreve os feitos do Senhor

Ao conclamar os povos para um novo começo que se dá na prática da solidariedade humana (SEBASTIANI, s.d.; MUÑHOZ, 1982: 39ss.; BASILE, 1977: 45; JOÃO PAULO II, 196, art. 89-91; Ávila, 1991: 411-412, verbete "Solidariedade"), a mulher de Nazaré descreve os feitos de Deus através dos processos históricos do seu povo junto com outra mulher, Isabel (cf. Lc 1,39ss.). Maria não faz essa descrição sozinha. A palavra descritiva de Maria a Isabel não é só palavra, é evento, é instrumento através do qual o Espírito se comunica a outra mulher e a faz profetizar (cf. Lc 1,41). Ao descrever os feitos do Senhor Javé, Maria se torna a primeira evangelizadora, e com ela o Evangelho inicia sua marcha pelas estradas do mundo. Essa marcha descrita por Maria e Isabel enche a obra teológica de Lucas-Atos. A palavra de Deus se faz presente e atuante, de Nazaré a Jerusalém, de Jerusalém à Judeia e da Samaria até os confins da terra (JOÃO PAULO II, 2004) (cf. At 1,8), sem pensar nas consequências que poderia ter indo sozinha, pois Maria *partiu às pressas*.

Para resgatar a memória histórica de seu povo e a presença atuante do Espírito de Deus em meio a esse povo, Maria celebra com Isabel a libertação que já está presente; vive simbolicamente aquilo que a história nega concretamente às massas sobrantes; canta a revolução vitoriosa das partes consideradas vencidas; goza da libertação dos oprimidos e injustiçados; e senta à mesa com Deus Salvador junto com os pobres (BOFF, Leonardo, 1993: 146ss.). Aqui manifesta o seu esvaziamento e diz publicamente que não aceita passivamente as circunstâncias adversas da vida humana, nem quer ser vítima da alienação; proclama que Deus é "vingador dos humildes" e, se é o caso, depõe do trono os soberbos (cf. DP 297). Maria descreve os feitos do Senhor pela palavra que irrompe da prática solidária, da memória histórica e da celebração que antecipa a vida infinita em Deus Pai, Deus Filho, Deus Espírito Santo.

3. Maria alimenta a vida e a esperança dos povos (HOFFMANN, 1991: 1.762ss.)[7]

Antes de tudo deve-se reconhecer que o Deus-Comunidade Divina cada vez mais está se revelando na história sofrida de todos os povos. Para os povos cristãos, sobretudo, esta revelação passa pela história que tem marcas do feminino de Deus Pai na pessoa

---

7. No grego bíblico as palavras que exprimem esperança ou espera, *elpís, elpizo*, com seus derivados, são as mais significativas e frequentes.

de uma mulher do povo, de mais de dois mil anos atrás: Maria de Nazaré. Ela é invocada como a Mãe da esperança que alimenta a fé desses povos e os acompanha na dura travessia. Os nossos povos vivem de esperança, mesmo quando não veem sinais que apontem para dias melhores e para uma vida mais digna.

O Espírito que habita Maria se revela no horizonte da fé e da esperança e do cumprimento das promessas feitas pelo Senhor Javé. Todo o AT é pervadido por essa esperança. Com esta atitude Maria vive uma realidade de futuro, no qual se une o passado com o presente. No NT a ressurreição de Jesus deu a todos os povos uma esperança que supera toda e qualquer esperança humana, não no sentido de esvaziá-la como esperança humana, mas no sentido de levá-la à sua plenitude através das mediações históricas em vista do futuro escatológico.

Maria continua, na linhagem das demais mulheres que a precederam nesta esperança, a contribuir ativamente na libertação da miséria social em que jaz a maioria dos povos já adentrados no terceiro milênio. O Magnificat hoje representa um projeto de todos os nossos povos espoliados e encontra na Teologia da Libertação a inspiração e a base da esperança bíblica. Ainda: alimenta os justos desejos dos povos latino-americanos, caribenhos com a autenticidade e a atualidade das suas palavras.

Nesse contexto a palavra *esperança* não só indica o ato de esperar, não só expressa a atitude de expectativa como tal; mas compreende também o objeto da espera, a coisa esperada; ter esperança significa ter fé e confiança de conseguir o que se deseja; significa crer na realização das promessas divinas; estar em atitude de expectância messiânica sem ansiedades puramente terrenas, mas considerá-las mediações urgentes e necessárias para a instauração do Reino que todos esperamos. Esse sentido de espera acentua a tensão viva da esperança como dom que vem pela força do Espírito. Por isso a esperança suporta com tenacidade as tribulações que nascem da tensão entre o presente e o futuro.

E para a mulher do nosso contexto brasileiro, latino e caribenho, cabe retomar as orientações antropológicas da *Marialis Cultus* de Paulo VI (PAULO VI, 1974). Mais adiante, no capítulo seguinte, ver-se-á o mesmo texto em linguagem popular.

Diante das múltiplas questões levantadas pelas descobertas das ciências humanas e das hodiernas concepções antropológicas em que a humanidade do nosso tempo vive e trabalha, o culto prestado a Maria parece estreitar os horizontes, sobretudo da mulher que luta por uma participação igualitária em todas as dimensões da vida política, social, cultural, familiar, e acrescento eclesial. A esse respeito a Exortação apostólica de Paulo VI se pronuncia nestes termos:

> [...] A Virgem Maria foi sempre proposta pela Igreja à imitação dos fiéis, não exatamente pelo tipo de vida que ela levou ou, menos ainda, por causa do ambiente sociocultural em que se desenrolou a sua existência, hoje superado quase por toda a parte. Mas sim porque, nas condições concretas de sua vida, ela aderiu total e responsavelmente à vontade de Deus (cf. Lc 1,38); porque soube acolher a sua palavra e pô-la em prática; porque a sua ação foi animada pela caridade e pelo espírito de serviço; e porque foi a primeira e fiel discípula de Cristo, que naturalmente tem um valor exemplar, universal e permanente (MC 35) (PAULO VI, 1974: 51).

Percebe-se claramente que a exortação do papa, ao constatar a longa história da piedade mariana, não se liga aos esquemas representativos das várias épocas culturais, nem às particulares concepções antropológicas que as caracterizam. Mas reconhece que muitas expressões de culto não são adaptadas às necessidades e aos desejos de muitas sociedades e culturas dos nossos tempos (MC 36).

Finalmente, Paulo VI propõe o Cântico da Virgem como ícone para a mulher contemporânea que busca uma figura de Maria mais evangélica e profética, busca a Mulher eminente da condição feminina. Se Maria for vista e percebida a partir deste horizonte, a mulher dos nossos dias então:

a) **contemplará** a *obra dos séculos*, a Encarnação do Verbo;

b) **dar-se-á conta** da abrangência do projeto salvífico do Pai;

c) **verificará** que Maria afirma ser Deus o vingador dos humildes e dos oprimidos;

d) **reconhecerá nela** que é *a primeira entre os humildes e os pobres do Senhor*;

e) **descobrirá** a Mulher que favoreceu a fé da comunidade apostólica em Cristo (cf. Jo 2,1-12).

VI - O legado do Vaticano II e de Puebla

a) As palavras de Paulo VI

No discurso de conclusão da Terceira Sessão do Concílio Ecumênico Vaticano II, a qual se deu em 21 de novembro de 1964, Paulo VI falou claramente do lugar que teve Maria nas deliberações do concílio e aludiu ao capítulo VIII da *Lumen Gentium* com estas palavras:

> Justamente podemos afirmar que a presente sessão se conclui com um hino incomparável de louvor em honra de Maria. É a primeira vez de fato – e o dizê-lo se nos enche a alma de profunda comoção – que um concílio ecumênico apresenta uma síntese tão vasta da doutrina católica acerca do lugar que Maria Santíssima ocupa no mistério de Cristo e da Igreja[8].

A seguir temos a síntese das orientações do grande evento do Espírito que foi o Concílio Ecumênico Vaticano II. Paulo VI teve

---
8. Versão italiana publicada in *L'Osservatore Romano*, 22, nov./1964, n. 272.

o mérito de aplicar as orientações pastorais desse grande concílio, por isso é citado aqui.

b) As orientações da *Lumen Gentium*

Cabe evidenciar o lugar que a doutrina mariológica ocupa no esquema *De Ecclesia*, esquema apresentado como documento de trabalho e que deu origem a toda a atual Constituição dogmática *Lumen Gentium*. Essa doutrina não foi inserida no desenvolvimento da constituição, como poderia ter sido, mas foi inserida no fim da Constituição dogmática, não como complemento ou parte secundária da constituição como tal. Mas a modo de coroamento e digna conclusão ao importante tema de natureza cristológica e eclesiológica, tratados que unem de modo visceral Maria com o mistério de Cristo e da Igreja, conforme o plano salvífico do Pai (BERTETTO, s.d.: 937). Porquanto se refere ao título "Maria, Mãe da Igreja" esta maternidade espiritual assumiu no Calvário dimensões universais (PAULO VI, 1975: 51).

Com a cooperação de Maria, o Mistério da Encarnação redentora, mistério guardado no silêncio durante tempos antigos, agora é revelado na pessoa de Jesus Cristo, manifestado e levado a conhecimento de todos os povos segundo a ordem do Deus eterno (cf. Rm 16,25-27). A inserção de Maria nesse mistério como fundamento da economia da salvação (FAVALE, s.d.: 49, 52-53) é considerada e refletida nos Tratados da Teologia Sistemática à luz da Sagrada Escritura e da Tradição. Mais: a Sagrada Escritura interpretada à luz plena de toda a Revelação, da Doutrina dos Santos Padres e do Magistério eclesial, nos faz conhecer e penetrar no fulcro de todo o mistério mariológico (MEO, 1975: 47) que se dá no contexto da Encarnação do Verbo.

c) O legado de Puebla

Como na *Lumen Gentium*, Puebla apresenta Maria como "Mãe e modelo da Igreja" (DP 282). Ao colocar Maria como modelo para a vida da Igreja e de todas as pessoas, Puebla fala do cântico do Magnificat da Virgem como alta inspiração de ser e de viver como comunidade de fé deixada pela obra de Jesus:

> O Magnificat é o espelho da alma de Maria. Neste poema a espiritualidade dos pobres de Javé e o profetismo da Antiga Aliança atingem o ponto culminante. É o cântico que anuncia o novo Evangelho de Cristo. É o prelúdio do Sermão da Montanha. Nele Maria se nos manifesta vazia de si mesma, colocando sua inteira confiança na misericórdia do Pai. No Magnificat ela se manifesta como modelo para os que não aceitam passivamente as circunstâncias adversas da vida pessoal e social e não são vítimas de alienação, como hoje se diz, mas antes proclamam com ela, que Deus é o vingador dos humildes e, se for o caso, "destrona do trono os soberbos" (João Paulo II, *Zapopan*, 4, AAS LXXI 230).

O Magnificat é o grande legado de Puebla à luz do qual seguimos elaborando a nossa mariologia latino-americana. Esta é marcada pela amplidão do serviço de Maria, cuja função materna se dilatou, vindo a assumir no Calvário dimensões universais (DP 302 que cita MC 37). Maria não está presente na evangelização de maneira decorativa, como se se tratasse de um verniz superficial (cf. DP 302 que cita EN 20). Mas está presente na Igreja que quer evangelizar no fundo, na raiz da cultura do povo. Pois esta é a hora de Maria (cf. DP 303), o tempo novo para uma evangelização que não exclua a justiça, o elemento-base da mensagem evangélica. Com Puebla, que afirma ser esta a hora de Maria, podemos afirmar:

> Deus se fez carne por meio de Maria, começou a fazer parte de um povo, constituiu o centro da história. Ela é o ponto de união entre o céu e a terra. Sem Maria

desencarna-se o Evangelho, desfigura-se e transforma-se em ideologia, em racionalismo espiritualista (DP 301).

VII – Resumo

Aquilo que mais nos interessa do Magnificat de Maria, apresentado por Lucas em seu evangelho, é a sua força espiritual. É esta força que não deixa de nos interpelar diante de todos os fenômenos de uma realidade que nos envolve com seus processos de modernidade e pós-modernidade. Segundo os teóricos das ciências do social, tanto o fenômeno da modernidade como da chamada pós-modernidade, ambas estão com um pé na tradição dos nossos povos e outro num avanço desmesurado que faz da subjetividade o centro da vida e das atenções.

A contramão disso tudo deve ser a nossa coragem de sermos homens e mulheres proféticos que constroem o Reino, deixando-se interpelar pelas massas pobres e excluídas. Criar e crescer na mística que o Magnificat da Mulher de Nazaré, pela força do Espírito, nos ensina e nos propõe como projeto evangélico. Esta é a proposta mais importante para a nossa força messiânica e libertadora.

3
Resgatar a humanidade de Maria é colocar as grandes questões do feminino
Partindo da *Marialis Cultus*

> **Nota que justifica este capítulo**
>
> Dom Raymundo Damasceno Assis, arcebispo de Aparecida, assim se expressa na comemoração dos trinta anos da *Marialis Cultus*: *A feliz iniciativa da Equipe Teológica da Academia Marial de Aparecida e da Editora Santuário de solicitar à conhecida teóloga Irmã Lina Boff esta versão popular da* Marialis Cultus *vem a propósito da comemoração dos 30 anos da publicação desse documento pontifício tão fundamental, seja para a espiritualidade mariana, seja para a renovação do culto litúrgico e popular de Maria. Em sua exposição, a autora segue fielmente a ordem da exortação apostólica. Faço votos que a leitura desse texto atinja seu objetivo.*

I - Explicações introdutivas

Paulo VI resgata a humanidade de Maria fazendo uma exortação a todos os povos, de modo especial aos cristãos e católicos. Em 2 de fevereiro de 1974, Festa da Apresentação do Senhor, o Papa Paulo VI presenteou o povo cristão com uma obra-prima digna de Maria e de seu pontificado, que foi a Exortação sobre o culto a Maria – *Marialis Cultus* –, estimulando a todos prestar a Maria um culto sempre mais bíblico, teológico e litúrgico.

É uma exortação bem escrita, pode-se dizer que é uma obra capital de literatura que sai de dentro do espírito humano; ela é visceral, porque fala da experiência de fé que este papa testemunha e comunica aos fiéis, na sua originalidade. Esta originalidade perpassa todos os povos que manifestam à Mãe do Senhor sua verdadeira piedade e seu culto de amor sincero.

O documento de Paulo VI tem mais de três décadas de vida e ainda é atual porque coloca em evidência elementos teológico-espirituais que merecem ser retomados, tais como:

a) prestar a Deus o seu mais alto culto de adoração e louvor como Maria o fez com sua vida;

b) exaltar Jesus Cristo na sua humanidade que chegou mais perto de nós porque assumiu a nossa condição de filhos e filhas de Deus, através de Maria;

c) afagar o Espírito Santo com o nosso amor para aprender de Maria com quem primeiro se relacionou a partir da Anunciação, para estabelecer com Ele uma relação que se estende a todo o Povo de Deus que caminha como Igreja em mistério e vive em comunidade de fé na força desse mesmo Espírito, o qual desceu por primeiro em Maria.

Neste excelente documento Paulo VI *resgata* a humanidade de Maria como profetisa, *fala* do Espírito e Maria e *coloca* as grandes questões do feminino que interpelam a sociedade dos nossos dias e a própria Igreja Católica. Abre-se ao espaço do campo bíblico, litúrgico, ecumênico e antropológico. A versão popular deste documento segue, de forma generosa, a ordem dada pelo próprio Papa Paulo VI na sua versão mais popular:

• O culto da Virgem na liturgia;

• Maria na celebração dos mistérios da salvação;

- Maria na História da Salvação;
- A criatividade da fé;
- Algumas orientações;
- Práticas marianas;
- Valor teológico pastoral do culto a Maria.

II - O culto da Virgem na liturgia

Breve noção de culto. Para o Antigo Testamento, o culto significa o encontro amoroso com Deus. O culto coloca em comunhão com Deus a pessoa que acredita nele. As estrelas, por exemplo, são um sinal desta presença e desta comunhão (cf. Gn 31,45). No culto, como serviço religioso, Israel encontra o seu Deus, consulta-o, e põe-se à escuta da sua palavra (cf. Ez 33,7). O culto chega ao seu ponto mais alto com a promessa, é o que se verifica com Jesus no Novo Testamento.

No Novo Testamento, o Jesus que prega o Reino não aparece participando de um culto do povo de Israel. O sinal que Ele deixa de seu culto ao Pai como comunhão com Ele e serviço aos outros até à morte, na docilidade confiante à vontade de Deus, é o *Memorial eucarístico*, o grande e máximo culto. Jesus, embora tomando distância do culto celebrado no Templo, não rejeita nenhuma ação litúrgica. No espaço familiar faz sua Última Ceia com os seus mais íntimos, e esta ceia é uma liturgia.

O livro dos Atos dos Apóstolos mostra os cristãos na sua relação com o Templo; e lembra inclusive as reuniões de oração e as celebrações eucarísticas feitas nas casas (At 2,42-47). A celebração descrita em Trôade, prolongada até a meia-noite (At 20,7-12), na qual estavam reunidos os primeiros cristãos para a fração do pão, demonstra ser uma liturgia já bastante organizada.

O verdadeiro culto, segundo São Paulo, é oferecer a Deus a própria vida e a verdadeira liturgia compromete toda a existência cristã no anúncio e na construção do Reino de Deus que já se encontra no meio de nós.

A origem e o desenvolvimento do culto a Maria vêm do testemunho de fé das comunidades primitivas que celebravam os momentos de culto descritos acima. Era neste culto que os textos marianos neotestamentários foram inseridos como parte integrante da profissão de fé, seja nas celebrações dos primeiros cristãos, como na catequese primitiva e na pregação dos Padres da Igreja. O magistério da Igreja confere uma importância singular à presença de Maria e seu culto no âmbito da liturgia e da prática pastoral. É o que se verá com o estudo da Exortação apostólica *Marialis Cultus*.

1. O lugar de Maria na liturgia da Igreja romana

Os bons ventos de renovação trazidos pelo Concílio Ecumênico Vaticano II que se realizou de 1962 a 1965, aberto por João XXIII, mais conhecido como "o papa bom", e levado adiante por Paulo VI, junto com todos os bispos do mundo cristão e católico, oriental e ocidental, traçou normas litúrgicas da celebração da obra salvífica do Pai, distribuindo ao longo do ano todo o Mistério de Cristo, desde a Encarnação até a sua vinda gloriosa que se dará no fim dos tempos.

Neste mistério foi inserida a memória de Maria como Mãe de Cristo, no ciclo anual dos mistérios de Jesus seu filho, celebrando-se de maneira explícita e organizada a íntima ligação que a Mãe tem com o Filho de Deus. Por este motivo muitas comemorações e festas de Nossa Senhora mudaram de data na liturgia da Igreja, conservando assim mais estreita a relação de Maria com o Mistério de Cristo e da Igreja como mistério. Veremos cada uma destas festas principais.

2. Maria no Advento

O Tempo do Advento é considerado pela Igreja o tempo litúrgico mariano mais forte, caracterizado pela presença de Maria que responde à proposta do Pai no Mistério da Encarnação de Jesus pela força do Espírito Santo. Temos aqui toda a Comunidade Divina que se revela aos povos de todas as raças e nações e o lugar desta revelação é Maria de Nazaré.

A liturgia não só celebra a Imaculada Conceição de Maria no dia 8 de dezembro e a preparação para a vinda do Salvador como começo de uma Igreja nova e sem mancha, mas recorda com frequência a Virgem Maria com relação à chegada iminente do Messias. A Igreja faz ecoar antigas palavras proféticas acerca da Virgem e acerca do Messias; proclama episódios evangélicos acerca do nascimento iminente de Jesus e de seu precursor (MC 3-4).

Ano A: *José, filho de Davi, não temas receber Maria tua mulher, pois o que nela foi gerado vem do Espírito Santo* (Mt 1,18);

Ano B: *Eis que a Virgem concebeu e dará à luz um filho e pôr-lhe-ás o nome de Emanuel* (Is 7,14);

Ano C: *Donde me vem que a Mãe do meu Senhor me visite* (Lc 1,43)?

Por estas antífonas se percebe como a Igreja vive o espírito do Advento com sua forte carga mariana. A figura da Virgem é trazida à memória dos fiéis que cultuam a Maria da Espera do Salvador, que é inevitável, e a espera da segunda vinda de Cristo glorioso para toda a humanidade. O Advento portanto é o tempo particularmente adequado para o culto da Mãe do Senhor.

3. Maria no Tempo do Natal

Neste tempo litúrgico coloca-se em destaque a maternidade divina, virginal e salvífica de Maria. No dia de Natal, ao adorarmos o Menino Jesus, veneramos também sua Mãe, Maria Santíssima. Na Festa da Epifania do Senhor, que quer dizer *Manifestação do Senhor*, contemplamos a Virgem, verdadeira Mãe do Rei que apresenta aos magos o Redentor de todas as gentes (cf. Mt 2,11). E na Festa da Sagrada Família contemplamos reverentes a família que tem como filho o próprio Filho de Deus (cf. Mt 1,19).

Oito dias depois da Festa do Natal celebramos a Santa Mãe de Deus por ser a Mulher inserida no Grande Mistério do Pai revelado em seu Filho Jesus Cristo, Príncipe da Paz. Maria, como Mãe, é a Mulher que participa da mediação do Príncipe da Paz como Rainha da Paz para o mundo e toda a criação. Por isso tudo celebra-se o Dia Mundial da Paz em 1º de janeiro de cada ano.

Às duas solenidades já recordadas – a da Imaculada Conceição de Maria e a da sua maternidade divina (MC 5), acrescentam-se ainda outras celebrações marianas, como:

4. Maria na Anunciação do Senhor

A grande Tradição da Igreja acrescenta ainda as antigas celebrações de 25 de março e de 15 de agosto. A Anunciação do Senhor é uma celebração do Verbo que se torna filho de Maria (cf. Mc 6,3) e da Virgem que se torna Mãe de Deus por obra do Espírito Santo. Celebra-se aqui o SIM de Maria ao plano de salvação do Pai e o SIM do Verbo Encarnado, que ao entrar no mundo disse: *Eis-me aqui [...] eu vim, ó Deus, para fazer a tua vontade* (Hb 10,7). É uma festa conjuntamente de Cristo e de Maria.

Este é o momento alto do início da nossa redenção, porque a natureza divina assume a natureza humana de Jesus numa indissolúvel unidade esponsal na única Pessoa do Verbo Encarnado (MC 6). São João Crisóstomo define a Anunciação do Senhor como a "Festa da Raiz", no sentido do princípio absoluto que inaugura o novo tempo presente, o novo *éon*, o começo do céu já em construção nesta terra. É o Reino que já começou com a pregação de Jesus, sua exaltação na cruz, ressurreição, ascensão aos céus e o envio de seu Espírito sobre toda carne (cf. At 2,17). Segue-se a festa de:

5. *Maria ressuscitada e assunta ao céu em corpo e alma*

É a festa do destino de Maria pela missão desempenhada no Mistério de Cristo que veio ao mundo como Enviado do Pai para salvar a todos. É a Festa de Nossa Senhora da Glória, a Assunta. Celebra-se o fim da caminhada terrena que Maria fez com seu povo, chegando à glorificação de sua missão como Mãe e Virgem concebida sem pecado, imaculada porque Mãe de Deus. Emerge nesta celebração a perfeita figura do Cristo ressuscitado (MC 6).

Maria nos precede nesta experiência de plenitude de vida em Deus, Comunidade de Amor. A solenidade de Nossa Senhora da Glória propõe à Igreja e à humanidade a realização da esperança final que todos alimentamos no nosso peregrinar nesta terra. Esta glorificação plena é o destino de todos aqueles que Cristo adotou por seus irmãos e irmãs por pura graça. Todos nós temos em comum o sangue e a carne de Jesus dados por Maria e a adoção de filhos de Deus pela graça salvadora de Jesus.

Estas quatro solenidades dedicadas à Mãe de Deus colocam em destaque, na Liturgia da Igreja, as principais verdades dogmáticas referentes à humilde Serva do Senhor. Estas verdades são chamadas de *dogmas*, que quer dizer verdades proclamadas pelo magistério eclesial com base na experiência de fé das comunidades eclesiais e a luz da palavra revelada da Sagrada Escritura. Temos então:

• a verdade da Imaculada Conceição de Maria;
• a sua maternidade humana e divina;
• a sua virgindade;
• a assunção de Maria ao céu em corpo e alma.

III - Maria na celebração dos mistérios da salvação

Nestes eventos Maria aparece intimamente associada ao Filho em primeiro lugar no Memorial do Senhor ou Celebração eucarística, a missa, quando se invoca a memória da sempre Virgem Maria, Mãe de nosso Deus e Senhor Jesus Cristo. A seguir temos as memórias incorporadas pela liturgia da Igreja e aquelas que nascem da experiência de fé das comunidades cristãs.

1. *A evocação de Maria no Memorial do Senhor*

É importante salientar a presença de Maria nas Preces eucarísticas que comemoram a Mãe do Senhor em termos densos de doutrina e de fervor cultual. Estas preces foram colocadas no coração do Memorial do Senhor. Por isso, esta evocação da Virgem é a forma particularmente expressiva do culto que a Igreja presta à *Bendita do Altíssimo* (cf. Lc 1,28). Vamos ver como algumas Orações eucarísticas da missa veneram, fazem memória e cultuam Maria Santíssima:

> Em comunhão com toda a Igreja, veneramos a sempre *Virgem Maria, Mãe de nosso Deus e Senhor Jesus Cristo*; e também São José, esposo de Maria, os santos apóstolos e mártires... (Oração Eucarística I).
>
> [...] Nós vos pedimos, tende piedade de todos nós e dai-nos participar da vida eterna, *com a Virgem Maria, Mãe de Deus*, com os santos apóstolos e todos os que neste mundo vos serviram... (Oração Eucarística II).
>
> Que Ele faça de nós uma oferenda perfeita para alcançarmos a vida eterna com os vossos santos: a *Virgem Maria, Mãe de Deus*, os vossos apóstolos e mártires... (Oração Eucarística III).
>
> Concedei-nos ainda, no fim da nossa peregrinação terrestre, chegarmos todos à morada eterna, onde viveremos para sempre convosco. *E em comunhão com a bem-aventurada Virgem Maria*, com os santos apóstolos e mártires... (Oração Eucarística VI-D).

Ajudai-nos a trabalhar juntos na construção do vosso Reino, até o dia em que, diante de vós, formos santos com os vossos santos, *ao lado da Virgem Maria e dos apóstolos...* (Oração Eucarística VII).

Cabe salientar a importância do culto à Virgem que a Igreja universal lhe presta ao longo da história, seja no Ocidente como no Oriente. Da Tradição perene e viva da fé da Igreja colhemos as expressões mais altas e mais límpidas da piedade popular mariana (MC 9-15). Isto se dá em virtude da presença constante do Espírito e da abertura à Palavra de Deus que se fazem presentes nas interpelações da nossa sofrida realidade. Através da voz da Igreja que nos acompanha e nos orienta pelos caminhos do Senhor, temos Maria como companheira de estrada.

2. A celebração das memórias marianas

A seguir temos a evocação da Virgem nas diferentes celebrações a ela dedicadas que apontam para o Mistério de seu filho, como por exemplo:

a) A *Natividade de Maria* em 8 de setembro, memória em que Maria é invocada como Mãe da Esperança para o mundo e Aurora da salvação para todos os povos.

b) A *Visitação de Maria a Isabel* em 31 de maio, memória em que Maria é proclamada por Isabel "a Mãe do Senhor", ao que Maria responde a esta proclamação direta com seu cântico de Ação de Graças, que é o Magnificat.

c) *Nossa Senhora das Dores* ou *Nossa Senhora da Soledade* em 15 de setembro, memória em que Maria é lembrada, juntamente com o Filho exaltado na cruz, como a Mãe que com Ele compartilha o sofrimento que redime toda a humanidade.

d) A *Apresentação do Senhor* ao Templo por Maria e José em 2 de fevereiro evoca a memória do Filho de Deus e de sua Mãe;

Maria realiza a missão iniciada pelo povo de Israel e abre-a com a fé para o novo povo de Israel que somos todos nós. Jesus será sinal de contradição para muitos de seu próprio povo (MC 7). Jesus não só completa a antiga lei, mas a ultrapassa pela nova lei trazida pela sua vida e pela sua obra – realizar o plano de reconciliação da humanidade com o Pai.

Algumas destas memórias marianas estão ligadas a motivos de culto local, mas que alcançaram uma força tão profunda no testemunho e na experiência de fé das comunidades eclesiais que entraram no Calendário Litúrgico Romano. São memórias marianas como estas:

a) Nossa Senhora de Lourdes em 11 de fevereiro;

b) Nossa Senhora do Carmo em 16 de julho;

c) Nossa Senhora do Rosário em 7 de outubro;

d) A memória de Santa Maria no sábado, sobretudo no primeiro sábado de cada mês do ano litúrgico (MC 8).

Estas memórias marianas aqui elencadas foram extraídas do Missal Romano, mas não são todas. Hoje contamos com outras muitas memórias que evocam a presença de Maria em milhares e milhares de comunidades cristãs, fato que se deu pela sadia liberdade que o Vaticano II deu às expressões de fé nas diferentes culturas, no respeito das tradições populares e no modo de expressar a fé de cada povo.

Para todo o nosso continente latino-americano, por exemplo, celebramos a Festa de Nossa Senhora de Guadalupe, patrona e "madroeira" dos povos latinos e caribenhos. E para o nosso Brasil celebramos a Festa de Nossa Senhora da Conceição Aparecida, festas que constam do nosso calendário litúrgico. Pode-se afirmar que o testemunho da experiência de fé nas comunidades de todos os tempos esteve presente no culto a Maria como a Imaculada, a Mãe de Deus, a Virgem Mãe da Igreja e a Assunta ao céu em corpo e alma. As demais expressões de fé inspiradas em Maria, discípula-mãe de seu filho, também floresceram no âmbito da liturgia da Igreja ou a ela foram incorporadas pela força da piedade popular genuína, nascida da fé originária do evento pascal, que encontra sua plena expressão no Ressuscitado e na vinda de seu Espírito sobre toda a carne, em Pentecostes (cf. At 2).

IV - Maria na História da Salvação

Não há culto sem oração. O destaque neste parágrafo é dado às relações entre Maria e a liturgia da Igreja que celebra os mistérios da História da Salvação. O exemplo da Virgem nesta história e nesta caminhada de todos os tempos junto com seu povo resulta de sua íntima inserção com Cristo, na ordem da fé e na ordem de sua profunda relação amorosa e livre com o Espírito que funda a Igreja do Senhor Jesus. É pela força desse mesmo Espírito que a Igreja-Povo invoca o Senhor Ressuscitado e por meio dele presta o devido culto ao eterno Pai (MC 16). Nesse contexto Maria é modelo inspirador para toda a Igreja pelas disposições interiores que ela testemunha e pelas quais Ela é conhecida e amada por ser:

1. ...a Virgem que sabe ouvir

Maria acolhe a Palavra de Deus com fé e é com esta fé que ela concebe e dá à luz ao Filho de Deus Encarnado. Crendo Maria concebe e crendo ela dá à luz aquele que concebeu na fé. Antes de conceber Jesus em seu ventre sagrado, Maria o concebe nas entranhas de sua fé e de sua mente pura e santíssima, toda voltada para seu Senhor (MC 17).

Maria ouve e ausculta, isto é, escuta por dentro de seu coração e de seu espírito, os acontecimentos da infância de seu filho, que lhe fala, lhe responde às suas perguntas, e ela, não compreendendo o que Ele diz, guarda-as em seu coração. Assim foi com o episódio do Templo, quando Jesus se deteve para discutir a lei de Moisés com os doutores de Jerusalém, por ocasião da celebração da Páscoa hebraica (cf. Lc 2,41-50).

Maria sabe ouvir porque sabe silenciar e perscrutar a Palavra de Deus que cai mansamente em seu coração, em sua mente e em sua vida como um todo. Ela é modelo para toda a Igreja nessa escuta, sobretudo na liturgia onde a Palavra se faz comida e bebida para todos os fiéis que participam da Celebração eucarística, ponto culminante de toda a liturgia eclesial. Assim alimentada a Igreja-Povo perscruta os sinais dos tempos, interpreta e vive os acontecimentos da história que interpela a todos. Maria é conhecida e amada por ser:

2. ...a Virgem que sabe proclamar e rezar

Maria é caracterizada como a Virgem que reza. Em três momentos especiais de sua vida narrada pelos evangelhos que testemunham seu modo de rezar, sem excluir os outros momentos de sua vida de oração, Ela reza como Mulher profética no Magnificat; Ela reza como Mulher intercessora numa festa de casamento; e Ela reza como Mãe da Igreja fazendo-se presente no cenáculo (MC 18). Maria ora sempre, mas vamos destacar o momento em que Ela rende graças ao seu Senhor pela missão que recebeu dele proclamando seu cântico ao Senhor Javé e suplicando-o pelas pessoas mais pobres e excluídas.

• *No Magnificat* – Este momento de oração feito pela Virgem se dá pelo cântico de Ação de Graças que ela proclama com as palavras do Magnificat. É o espelho da alma de Maria. Esta oração é feita quando de sua visita missionária à casa de Isabel que necessitava de ajuda pela vinda ao mundo do precursor do Messias, João Batista. O Messias já está presente e atuante no seio da Virgem que o concebeu. Por isso, ao ouvir a saudação de

Maria, a criança estremece no seu ventre e Isabel fica repleta do Espírito Santo (cf. Lc 1,41).

Maria faz uma oração dos tempos messiânicos, isto é, dos tempos em que a expectativa milenar dos patriarcas e das matriarcas converge com a expectativa do povo do tempo de Maria, no meio do qual ela é vista e invocada como profetisa que prolonga a oração da Igreja inteira e de todos os tempos.

Maria reza também com sua atuação, com seu compromisso de estar sempre do lado de quem precisa. Ela antecipa a "hora" de Jesus colocando-se do lado dos noivos:

• *Nas Bodas de Caná* – Aqui Maria faz uma súplica delicada e confiante para prover a uma necessidade temporal, do momento. Nesta ocasião, Maria faz uma constatação familiar óbvia: falta vinho para a festa. Ela faz um pedido ao filho para que venha em socorro. A constatação da Mãe torna-se uma ordem para o Filho e a falta de vinho se resolve com esta frase da Mãe: *Fazei tudo que Ele vos disser* (Jo 2,5).

Fazer o que Jesus diz é trazer para o meio do povo o vinho novo, que é o próprio Jesus como Messias, o Enviado do Pai. E Maria continua rezando depois que a "hora" de Jesus se realizou como o plano do Pai havia estabelecido. Maria continua rezando no tempo do Espírito que a coloca:

• *Na Igreja nascente* – Os Atos dos Apóstolos escritos por Lucas descrevem Maria, a Mulher orante (cf. At 1,12-14). É o único evangelista que coloca Maria no nascimento da Igreja pelo Espírito Santo. A Mãe de Jesus é apresentada como que presidindo a oração dos Onze e das outras mulheres, suas companheiras e familiares.

A figura de Maria nesse contexto evoca a presença contemplativa e atuante da Igreja, das "Marias" cheias de fé e de entusiasmo, as nossas "Marias" evangelizadoras de hoje. Presidir a oração comunitária e o serviço da mesa da Palavra é um espaço que as nossas "Marias" de hoje estão ocupando cada vez com maior consciência do chamado do Senhor dirigido a elas. Ocupam esse espaço cada vez mais com a competência que lhes dá a natureza de sua vocação e o tempo que dedicam à sua formação, para melhor servir ao Povo de Deus, à Igreja, à sociedade e ao mundo todo. A construção do Reino é feita por todas as mulheres e por todos os homens que se abrem ao chamado do Senhor e por Ele são enviados. Por isso Maria é fecunda por ser:

3. ...a Virgem que é Mãe

O núcleo da oração de Maria como Virgem-Mãe está na sua obediência e na sua fé, pelas quais gerou o Filho de Deus na força do Espírito Santo. Esta é a maior de todas as orações da Virgem porque, através de Jesus Cristo que ela trouxe, a pregação e o batismo geraram novos filhos e filhas para a vida da Igreja, pois estes filhos são concebidos pelo Espírito e nascidos de Deus Pai (MC 19).

Com razão o Papa São Leão Magno afirmava numa homilia natalícia: *A origem que Cristo assumiu no seio da Virgem Maria coloca-a na fonte do batismo: Ele conferiu à água aquilo que deu à Mãe [...] a graça de gerar o Salvador pelo Espírito Santo e a de gerar filhos para a Igreja.* O Espírito que fez de Maria a Mãe do Filho de Deus é o mesmo que regenera os filhos da Igreja na pia batismal.

Maria nos ensina que a virgindade é entrega exclusiva a Jesus Cristo. Torna-se fecunda pela ação do Espírito e desta união esponsal com o Espírito Santo Ela se torna Mãe da Igreja de seu Filho. A virgindade materna de Maria, portanto, conjuga no mistério da Igreja as duas realidades:
- a entrega total a Cristo;
- e com Ele a entrega total como Mãe da Igreja e Servidora da humanidade.

Silêncio, contemplação e adoração dão origem à missão que pede uma resposta fecunda expressa na evangelização dos povos de todas as culturas (cf. DP 294). Nesse contexto Maria é:

4. ...*a Virgem que doa Jesus ao mundo*

É conhecida também como *a Virgem oferente*, aquela que oferece não só a própria vida a Deus e ao mundo, mas oferece seu próprio filho Jesus. O episódio da Apresentação de Jesus ao Templo para ser consagrado ao Pai, como era costume consagrar o primogênito (cf. Lc 2,22-35), inspirou e continua inspirando a reflexão teológica feita na ótica da mariologia a descobrir o sentido mais profundo da narrativa evangélica, que é penetrar o Mistério de Cristo como Salvador nos seus distintos aspectos.

Em primeiro lugar Maria doa ao mundo o filho que traz a universalidade da salvação nas palavras de Simeão. Este dirige-se ao Menino, como Luz que ilumina as nações e como glória de Israel seu povo (cf. Lc 2,32). Depois volta-se para Maria e lhe diz que este filho será sinal de contradição e que uma espada lhe transpassará a alma (cf. Lc 2,34-35). Entrevê-se aqui o Mistério salvífico da cruz que se verifica no alto do Calvário. A glória passa pela cruz.

Em segundo lugar esta íntima união da Mãe com o Filho na obra da Redenção se perpetua como Memorial do Senhor na Páscoa da ressurreição e se atualiza nos nossos dias sobre os altares em torno dos quais todo o Povo de Deus, como povo sacerdotal, presidido pelo ministro ordenado, con-celebra a vida plena da humanidade toda (MC 20).

Finalmente esta interpretação teológica teve seu caminho ao longo do tempo, na Igreja. Desta intuição temos um testemunho na afetuosa oração de São Bernardo ao dirigir-se diretamente a Maria com estas palavras: *Oferece, Virgem Santa, o teu filho e apresenta ao Senhor o fruto de teu ventre. Sim! Oferece a hóstia santa e agradável a Deus, para a reconciliação de todos nós!* Por isso tudo Maria é cultuada como:

5. ...a Virgem, "mestra" de vida espiritual

Maria é "mestra" de vida espiritual porque viveu a experiência do *FAÇA-SE EM MIM SEGUNDO A TUA VONTADE* (Lc 1,38) que antecipa a estupenda oração do Pai-Nosso – *seja feita a vossa vontade* (Mc 6,10).

A Igreja como Povo de Deus procura traduzir as múltiplas relações que estabelece com Maria através de atitudes cultuais, distintas e eficazes, tais como:

a) *a atitude de veneração profunda*, quando o povo descobre Maria como a pessoa mais íntima do Espírito Santo que a tornou Mãe do Senhor;

b) *a atitude de invocação confiante*, quando o povo experimenta a necessidade de ter uma advogada e auxiliadora ao seu lado;

c) *a atitude inspiradora de serviço gratuito*, quando o povo desvela na humilde Serva do Senhor, a Rainha da misericórdia e a Mãe cheia de graça;

d) *atitude de admiração comovida* quando o povo vê em Maria realizados os seus desejos, as suas esperanças e a sua alegria de viver;

e) *a atitude de estudo atento*, quando a Igreja vislumbra Maria na sua realização profética que evoca a presença de um futuro melhor para seu povo; quando a vê participante dos frutos do Mistério Pascal (MC 21-22); e quando a contempla plenamente realizada como uma esposa enfeitada para o seu esposo (cf. Ap 21,2), na sua assunção em corpo e alma ao céu.

6. A modo de conclusão

Depois de havermos considerado atentamente a veneração que a grande Tradição da Igreja universal, dentro da qual se expressa a tradição litúrgica, manifesta para com a Santa Mãe de Deus, poderemos compreender melhor a exortação do Concílio Vaticano II que diz:

> [...] promovam generosamente o culto, sobretudo o litúrgico, para com a Bem-Aventurada Virgem Maria; deem grande valor às práticas e aos exercícios de piedade recomendados pelo magistério no curso dos séculos. [...] Com todo o empenho exorta os teólogos e os pregadores da Palavra divina a que, na consideração da singular dignidade da Mãe de Deus, se abstenham com diligência tanto de todo o falso exagero quanto da demasiada estreiteza de espírito (LG 67).

Se nos lembrarmos que a liturgia, pelo seu alto valor cultual, constitui uma norma de ouro para a piedade cristã e se observarmos ainda que a Igreja, quando celebra os sagrados mistérios, assume uma atitude semelhante à da Virgem Santíssima, compreenderemos com o coração e a mente a função de Maria na economia da salvação (MC 23).

V - A criatividade da fé

O documento fala que ao lado do culto litúrgico se promovam outras formas de piedade mariana, sobretudo as que são propostas e recomendadas pela Igreja. Destas formas múltiplas que evocam Maria como Mãe de Deus e Mãe da humanidade, o Espírito suscita a criatividade dos fiéis e lhes infunde sensibilidade espiritual para que respeitem as diferenças culturais e as tradições religiosas de cada povo.

A abertura a novas formas de piedade levou e está levando as comunidades de fé a substituir elementos transitórios, isto é, aqueles que passam, para valorizar e dar espaço aos elementos perenes que podem constituir o fundamento bíblico, teológico e doutrinal da experiência de fé feita em comunidade. As novas práticas passam então a refletir a identificação que os povos têm com Maria a partir de sua vida de fé e prática pastoral (MC 24). É o Espírito Santo atuando no meio do povo.

1. A relação de Maria com o Espírito Santo

Quando se afirma que Maria é a Mulher inserida no Mistério de Cristo, não se entende excluir a sua relação com o Pai e nem com o Espírito Santo. O documento fala da nota *trinitária, cristológica e eclesial* que o culto de Maria deve apresentar (MC 25) e nesse mesmo culto recomenda dar o adequado realce a um dado essencial da fé, que é a obra do Espírito Santo em Maria (MC 26). As evidências que pudemos extrair do documento, as quais falam da relação do Espírito Santo-Maria, podem ser apresentadas em alguns pontos que ajudam a nossa contemplação e aprofundam o nosso estudo da mariologia.

2. O Espírito e a santidade original de Maria

A reflexão teológica e a liturgia evidenciam que a descida do Espírito em Maria de Nazaré foi um evento espiritual no sentido de que:

- santificou a Virgem desde a sua origem em vista da Encarnação do Filho de Deus;
- Deus fez deste evento um ponto culminante da História da Salvação;
- fecundou Maria pelo Espírito Santo, por isso é a Mãe da Igreja e da humanidade;

- o Espírito a desposou e este aspecto esponsal de Maria levou muitos Padres da Igreja chamá-la de *Santuário do Espírito Santo, Habitação permanente do Espírito de Deus*;
- segundo os Padres da Igreja e escritores eclesiásticos, do Espírito brotou a plenitude da graça em Maria, graça que recordamos na "Ave-Maria cheia de graça" (cf. Lc 1,28);
- ainda: os Padres da Igreja atribuem ao Espírito Santo a força e a fé com que Maria esteve ao pé da cruz de Jesus (cf. Jo 19,25-27), onde as dores de Maria assumiram uma dimensão universal.

3. O Espírito e Maria na Igreja nascente

Penetrando mais na teologia do Espírito Santo, os Padres da Igreja perceberam a fundo a fé, a esperança e a caridade que animaram o coração da Virgem caminhando até o alto da cruz. Ela encontrou vigor e apoio no Espírito, pois logo depois da ressurreição e ascensão de Jesus desceu sobre Ela (pela segunda vez) que se encontra presente no cenáculo, evento que deu origem à Igreja nascente (cf. At 1,14). Maria portanto estava presente com sua oração quando a Igreja estava nascendo.

Desenvolve-se aqui o antigo tema *Maria-Igreja* (MC 26) que inspira os fiéis recorrerem à sua intercessão e inspira também os Padres da Igreja suplicá-la para obterem a capacidade de gerarem Cristo na própria alma, como o atesta a oração surpreendente e cheia de vigor suplicante de Santo Ildefonso: *Rogo-te sim, rogo-te Virgem Santa, que eu obtenha Jesus daquele Espírito, do qual tu mesma geraste Jesus! Que a minha alma receba Jesus por este mesmo Espírito, por quem tua carne O concebeu! [...]. Que eu ame Jesus naquele mesmo Espírito, no qual tu o adoras como Senhor e o contemplas como Filho!*

4. O Espírito e seu prolongamento em Maria, membro da Igreja

Os conceitos fundamentais sobre a natureza da Igreja, tais como: *Família de Deus, Povo de Deus, Reino de Deus, Corpo Místico de Cristo*, permitiram aos fiéis reconhecerem mais claramente a missão de Maria no Mistério da Igreja e seu eminente lugar na comunhão dos santos (MC 28).

O cuidado de Maria pelos filhos e filhas da Igreja como Corpo Místico de Cristo, Família de Deus, apresenta-se de maneira até mesmo plástica, quando se contempla a Virgem de Nazaré na casa de Isabel (cf. Lc 1,39-45), no casamento de Caná da Galileia (cf. Jo 2,1-10), ao pé da cruz no Gólgota (cf. Jo 19,25-27) e no cenáculo em oração com a primeira comunidade de fé (cf. At 1,12-14).

Estes momentos salvíficos encontram sua continuidade no cuidado filial do nosso povo que quer levar a todos a Boa Notícia do Reino presente no meio dele: encontra sua continuidade no seu compromisso para com os humildes, os pobres e os fracos e na sua terna e firme dedicação constante em favor da paz e da concórdia social (MC 28). Com estas duas últimas palavras, *paz e concórdia social*, Paulo VI queria falar da situação humana de todos os povos:

- tornar mais presente o compromisso que os cristãos têm com a justa distribuição dos bens terrenos para todos igualmente;
- queria explicitar e afirmar que todos devem ter comida, educação, saúde e lazer como condição primeira de concórdia social;
- enfim, queria re-afirmar a criação de um mundo no qual a violência cede espaço para o entendimento e o progresso humano e social chega a todos através das relações de igual para igual.

É deste modo que a Comunidade de Fé como Reino de Deus ama a Igreja, Corpo Místico de Cristo, e traduz na prática junto aos mais empobrecidos e largados à própria sorte, o amor que alimenta para com Maria. É deste modo ainda que o povo torna explícito o conteúdo intrínseco de uma prática eclesial embutida na piedade filial e no culto capaz de renovar de maneira sadia formas e textos litúrgicos.

VI - Algumas orientações

As orientações que Paulo VI nos dá estão na linha do ensino conciliar do Vaticano II. Por isso mesmo estas orientações são de ordem bíblica, litúrgica, ecumênica e antropológica.

1. Orientações de ordem bíblica

A necessidade de um cunho bíblico em toda a forma de culto é hoje princípio e fato reconhecidos pela piedade cristã e também pela piedade mariana. Não falemos de Maria e nem a ela nos dirijamos em nossos cultos de fé cristã e comunitária, sem antes partirmos da Sagrada Escritura. A Bíblia é o nosso ponto de saída e de chegada para alimentarmos o nosso amor para com Maria e o culto que a ela queremos prestar.

O documento fala que desde o Gênesis até o Apocalipse há referências a Maria como Mãe e Mulher inserida na História da Salvação, com uma função específica e própria, que comporta uma interpretação inteligível e adequada dos textos bíblicos para os dias de hoje. As nossas orações e os textos destinados ao canto devem se inspirar na Bíblia (MC 30).

Os textos preparados por ocasião das festas, memórias e celebrações dedicadas à Virgem, sejam iluminados pela luz da Palavra divina e impulsionem os cristãos a uma prática pastoral e evangelizadora cada vez mais próxima e semelhante à de Jesus de Nazaré, que passou por este mundo, fez história e nos deixou seu legado que encontramos em todo o Novo Testamento como realização da promessa do Antigo Testamento e que remonta à nossa origem de filhos e filhas de Deus.

2. Orientações de ordem litúrgica

O artigo de número 31 do documento é bastante extenso e sugere alguns critérios a serem levados em conta para que o culto litúrgico se deixe inspirar pela norma da Constituição "Sobre a Sagrada Liturgia" (*Sacrosanctum Concilium*) no que diz respeito ao culto litúrgico e aos exercícios piedosos. Esta norma diz o seguinte:

> [...] Importa ordenar as práticas de piedade tendo em conta os tempos litúrgicos, de maneira que se harmonizem com a Sagrada Liturgia, de certo modo derivem dela e a ela, que por sua natureza as supera, conduzam o povo cristão (SC 13).

Esta norma deve ser aplicada também no campo do culto à Virgem Santíssima, tão variado nas suas expressões formais. Exige da parte de todas as comunidades eclesiais, pastores e responsáveis, esforço, tato pastoral e constância, sobretudo no que diz respeito à tradição cultural e religiosa, sem empobrecer a experiência de fé comunitária. Nada deve ser desprezado ou interrompido, nenhuma ação ou atitude pastoral evangelizadora pode se dar o direito de descuidar ou deixar de lado certas práticas de piedade. Nada pode criar vazios, mas se isto chegar a acontecer, os vazios e interrupções devem ser preenchidos de outra maneira sempre respeitosa e pedagógica.

A palavra substantiva *harmonia* e o verbo *harmonizar* são frequentemente repetidos ao longo de todo este artigo 31 da *Marialis Cultus*. Trata-se de harmonizar elementos das práticas da piedade popular, sobretudo as de caráter mariano, com elementos do culto litúrgico, sem misturar o culto por excelência que é a celebração do Memorial do Senhor, com novenas, rosário ou outras práticas piedosas e devocionais que por sua vez também são válidas. Uma atuação pastoral esclarecida torna-se necessária e urgente: primeiro para distinguir e acentuar a natureza própria dos atos litúrgicos; e segundo para valorizar a piedade popular e adaptá-la às necessidades de cada comunidade eclesial, tornando-a uma preciosa auxiliar da própria liturgia de toda a Igreja.

3. Orientações de ordem ecumênica

O ecumenismo se dá sobre a mesma plataforma cristã do catolicismo. Significa dizer que fazemos ecumenismo quando colocamos em comum, com os irmãos e irmãs de outras igrejas cristãs, elementos da mesma verdade que professamos e testemunhamos da nossa fé cristã.

Os cristãos com os quais temos muitos pontos em comum da nossa fé são os nossos irmãos luteranos, metodistas, presbiterianos e outros. Neste sentido não podemos afirmar que Maria, a Filha de Sião, seja um ponto de unidade entre os cristãos que citamos e outras denominações. Com nossos irmãos das Igrejas da Reforma deve-se ter em alta consideração o respeito por eles e buscar nas Escrituras os elementos que nos aproximam antes que aqueles que nos distanciam, sobretudo quando se trata dos textos escriturísticos que falam de Maria de Nazaré e das práticas de piedade neles inspiradas.

Atualmente está em curso uma experiência de grande valor. O *Grupo de Dombes*, fundado há sessenta anos, reúne cerca de quarenta teólogos católicos e protestantes de língua francesa. Estes teólogos buscam apaixonadamente a comunhão entre as igrejas. As reflexões feitas durante estes quarenta anos tinham e têm como objetivo argumentos cruciais para o diálogo ecumênico. O papel de Maria na História da Salvação foi sem dúvida um argumento bastante controvertido. Mas a seriedade e a honestidade do trabalho do *Grupo de Dombes* testemunham que é possível uma leitura comum da história e da Escritura. O grupo se propõe a formular propostas para uma autêntica conversão eclesial que leve à unidade.

A *Marialis Cultus* não fala deste grupo que acabo de apresentar, mas guarda os mesmos sentimentos de unidade de todos os cristãos quando diz o seguinte: *[...] Todos aqueles que confessam abertamente que o filho de Maria é o Filho de Deus e Senhor nosso, Salvador e único Mediador (cf. 1Tm 2,5), são chamados a serem uma só coisa entre si, com Ele e com o Pai, na unidade do Espírito Santo* (MC 32).

4. Orientações de ordem antropológica

Diante das múltiplas questões levantadas pelas descobertas das ciências humanas e das hodiernas concepções antropológicas em que a humanidade do nosso tempo vive e trabalha, o culto prestado a Maria parece estreitar os horizontes, sobretudo da mulher que luta por uma participação igualitária em todas as dimensões da vida política, social, cultural, familiar, e acrescento eclesial. A esse respeito o documento de Paulo VI se pronuncia nestes termos:

> [...] A Virgem Maria foi sempre proposta pela Igreja à imitação dos fiéis, não exatamente pelo tipo de vida que ela levou ou, menos ainda, por causa do ambiente sociocultural em que se desenrolou a sua existência, hoje superado quase por toda a parte. Mas sim porque, nas condições concretas de sua vida, ela aderiu total e responsavelmente à vontade de Deus (cf. Lc 1,38); porque soube acolher a sua palavra e pô-la em prática; porque a sua ação foi animada pela caridade e pelo espírito de serviço; e porque foi a primeira e fiel discípula de Cristo, que naturalmente tem um valor exemplar universal e permanente (MC 35).

Percebe-se claramente que o documento, ao constatar a longa história da piedade mariana, não se liga aos esquemas representativos das várias épocas culturais, nem às particulares concepções antropológicas que as caracterizam. Mas reconhece que muitas expressões de culto não são adaptadas às necessidades e aos desejos de muitas sociedades e culturas dos nossos tempos (MC 36).

Finalmente, Paulo VI propõe a Mulher do Magnificat como ícone para a mulher contemporânea que busca uma figura de Maria mais evangélica e profética, busca a Mulher eminente da condição feminina. Se Maria for vista e percebida a partir deste horizonte, a Maria, a mulher dos nossos dias, então:

a) **contemplará** Maria como aquela que deu seu consentimento não para solucionar um problema contingente, mas para a *obra dos séculos*, como foi designada com justiça a Encarnação do Verbo;

b) **dar-se-á conta** de que a escolha do estado virginal não foi um ato de fechamento aos valores do estado matrimonial, mas constitui uma opção corajosa de total consagração à obra divina;

c) **verificará** que Maria, longe de ser uma Mulher passivamente submissa ou de uma religiosidade alienante, foi sim uma Mulher que não duvidou em afirmar que Deus é vingador dos humildes e dos oprimidos e derruba os poderosos do mundo de seus tronos;

d) **reconhecerá em Maria**, que é *a primeira entre os humildes e os pobres do Senhor*, uma mulher forte que conheceu a pobreza e o sofrimento, a fuga e o exílio, situações que exigem energias libertadoras de toda a pessoa e da sociedade;

e) **descobrirá em Maria** a Mulher que favoreceu a fé da comunidade apostólica em Cristo (cf. Jo 2,1-12), sua maternidade se dilatou, vindo a assumir no Calvário dimensões universais (MC 37).

VII - Práticas marianas

Neste parágrafo, o documento recomenda duas práticas de piedade mariana que foram muito difundidas entre nós que somos do Ocidente. São elas: a hora da Ave-Maria e a recitação do Terço ou do Santo Rosário. O Papa João Paulo II, o nosso *João de Deus*, acrescentou a recitação dos Mistérios da Luz que serão explicados logo mais.

1. A Saudação Angélica (Hora da Ave-Maria)

Ao rezarmos a Saudação do Anjo a Nossa Senhora, nos três momentos do dia – pela manhã, ao meio-dia e ao entardecer –, devemos nos deixar envolver pela contemplação do Mistério da Encarnação e estes momentos constituem um convite para uma pausa de meditação sobre esta saudação que o Anjo Gabriel dirigiu a Maria quando anunciou que Ela seria a Mãe de Jesus.

Esta oração mariana é profundamente bíblica porque nos abre ao Mistério Pascal: ao mesmo tempo que lembramos a Encarnação do Filho de Deus, pedimos para ser conduzidos, pela sua paixão e morte na cruz, à glória da ressurreição. A *Saudação Angélica*, como a chama Paulo VI neste documento, apresenta uma história que tem uma tradição radicada, em parte, na experiência de fé dos primeiros cristãos também.

A história da Ave-Maria foi sendo tecida a partir da experiência de fé das comunidades que iam acrescentando aos poucos as invocações ligadas à vida dos cristãos e das próprias comunidades das quais faziam parte. Durou séculos o processo pelo qual os vários elementos que a compõem, cada um com sua origem e evolução próprias, chegaram à atual forma com que a rezamos hoje. O valor fundamental do *Anjo do Senhor* consiste na memória do evento salvífico pelo qual, segundo o plano do Pai, o Verbo encarnou-se no seio da Virgem Maria por obra do Espírito Santo.

2. O Santo Rosário

O Rosário de Nossa Senhora foi chamado pelo Papa Pio XII de *Compêndio de todo o Evangelho*. A reza do Terço que é uma parte do Rosário é uma oração contemplativa de louvor, de súplica e de eficácia espiritual e apostólica. Durante seu pontificado Paulo VI falou do valor espiritual desta prática por três vezes em momentos sucessivos da história do povo cristão.

- *Em 13 de julho de 1963* falou do valor espiritual da prática do Rosário aos dominicanos que celebravam o III Congresso Internacional do Rosário;
- *Em 15 de setembro de 1966* pedia que fossem dirigidas orações suplicantes à Virgem do Rosário para impetrar de Deus o supremo bem da paz, por ocasião da publicação de sua encíclica *Christi Matri*;
- *Finalmente, em 7 de setembro de 1969*, recordava a centenária e poderosa tradição do Rosário em momentos de angústia e insegurança para a humanidade. Aqui Paulo VI retoma uma carta apostólica de Pio V onde ilustra e define a forma de contemplar os mistérios de Cristo, recitando o Rosário (MC 42).

O documento *Marialis Cultus*, de Paulo VI, se detém ainda em narrar breves acenos históricos do Rosário ao recordar os filhos de Santo Domingo, os dominicanos, que por tradição são os guardiões e os propagadores do Santo Rosário. Recorda os muitos congressos, estudos e investigações feitos para aprofundar e conhecer os elementos fundantes desta devoção tão querida ao Povo de Deus. O documento de Paulo VI ensina que a reza do Terço ou Rosário se fundamenta nestes elementos bíblico-teológicos:

Na contemplação dos mistérios do plano salvífico do Pai, verdadeira arte de oração de toda a pessoa cristã;

Na meditação profunda dos mistérios da vida do Senhor, na ótica da vida e dos gestos de Maria que mais perto viveu de seu filho e dele se tornou discípula-mãe pelo seu contato com Ele e pela sua imersão nos seus ensinamentos;

Na compreensão mais clara e precisa das relações existentes entre a liturgia da Igreja e o Rosário, à luz dos princípios da Constituição *Sacrosanctum Concilium* que explica não haver contradições e nem equiparações entre as celebrações litúrgicas e a prática da reza do Rosário (SC 13), sem contudo transpor o lugar que é devido à liturgia como tal;

Na consciência do valor da oração comunitária, sobretudo a oração comunitária do Rosário na família, na comunidade eclesial, nas celebrações dos fiéis, pois é uma oração que reúne as pessoas em torno da palavra de Deus que narra a História da Salvação do povo de Israel e do novo Povo de Deus que somos todos nós hoje. A récita das Ave-Marias soa como uma cantilena espiritual e terna que sobe ao céu.

3. A estrutura do Rosário

Esta foi dada pelo Papa Pio V que esteve presidindo o serviço da Igreja universal de 1566 a 1572. A estrutura do Rosário é constituída de vários elementos que têm um significado teológico-espiritual para todos os momentos da vida cristã. Faz parte destes elementos dispostos de forma orgânica a contemplação de uma série de mistérios da salvação (MC 49).

A enunciação destes mistérios é retomada pela *Marialis Cultus* de Paulo VI. E o Papa João Paulo II publicou em 2002 uma carta apostólica sobre o Rosário com este título: *Rosarium Virginis Mariae*, que quer dizer "O Rosário da Virgem Maria". Esta carta é de uma espiritualidade muito profunda e belíssima, escrita numa forma literária incontestável. O papa acrescenta os

Mistérios luminosos após os Mistérios gozosos ou os Mistérios da alegria. Todos os Mistérios do Rosário nos levam à contemplação e têm fundamento na Sagrada Escritura. Por isso cada um deles, depois de ser enunciado, traz uma citação bíblica entre parênteses, que mostra o fundamento bíblico, teológico e espiritual contemplativo de cada mistério e por conseguinte de todo o Rosário. É importante lembrar que se reza um Pai-nosso, dez Ave-Marias e um Glória-ao-Pai, após a contemplação de cada mistério enunciado. O Rosário portanto é composto de vinte mistérios. Veremos cada um deles.

a) Mistérios gozosos ou Mistérios da alegria

Nestes mistérios aprendemos de Maria descobrir a alegria cristã do cristianismo que é, antes de tudo, "Boa Notícia" e que tem como conteúdo a Pessoa de Jesus Cristo desde a sua concepção no seio da Virgem (*Rosarium Virginis Mariae,* 20). Os Mistérios gozosos nos levam a contemplar:

1º mistério: A anunciação do Anjo Gabriel à Virgem Maria (Lc 1,26-38);

2º mistério: A visita de Maria a Isabel (Lc 1,39-45);

3º mistério: O nascimento de Jesus em Belém (Lc 2, 1-20);

4º mistério: A apresentação de Jesus ao Templo (Lc 2,22-33);

5º mistério: O encontro de Jesus entre os doutores da lei (Lc 2,41-50).

b) Mistérios luminosos ou Mistérios da luz

João Paulo II faz aqui a inserção dos cinco Mistérios da luz ou Mistérios luminosos, após os Mistérios da alegria, passando da infância e da vida de Nazaré à vida pública de Jesus. O papa afirma que todo o Mistério de Cristo é Luz (*Rosarium Virginis Mariae,* 21). Esta dimensão, segundo ele, revela o Reino do Pai já personificado em Jesus. Os mistérios luminosos nos levam a contemplar:

1º mistério: Jesus sendo batizado por João Batista no rio Jordão (Mt 3,13-16);

2º mistério: Jesus nas Bodas de Caná transforma água em vinho a pedido de sua mãe (Jo 2,1-12);

3º mistério: Jesus anuncia o Reino de Deus convidando à conversão (Mc 1,14-15);

4º mistério: A transfiguração de Jesus no Monte Tabor (Lc 9,28-33);

5º mistério: Jesus institui a Eucaristia na sua Última Ceia (Mt 26,26-29).

c) Mistérios dolorosos ou Mistérios da dor

O Rosário continua com os mistérios dolorosos que exprimem a dor salvífica de Cristo com sua paixão e morte na cruz. Nestes mistérios contemplamos:

1º mistério: Jesus é condenado à morte (Mt 26,1-5);

2º mistério: Jesus é açoitado numa coluna (Mt 27,11-26);

3º mistério: Jesus é coroado de espinhos (Mt 27,27-31);

4º mistério: Jesus é crucificado no Monte Calvário (Mt 27, 32-38);

5º mistério: A morte de Jesus na cruz e seu sepultamento (Mt 27,45-50).

d) Mistérios gloriosos ou Mistérios da glória

A recitação do Rosário é concluída pela contemplação dos Mistérios gloriosos, que exprimem a glória do Senhor Vivo inundando toda a Igreja da glória que vem do Ressuscitado que passou pela paixão e morte para nos doar a vida plena e definitiva. Estes mistérios nos levam a contemplar:

1º mistério: A gloriosa ressurreição de Jesus (Mt 28,1-8);
2º mistério: A ascensão de Jesus ao céu (Lc 24,50-52);
3º mistério: A vinda do Espírito Santo sobre os apóstolos e Maria Santíssima no cenáculo junto com as outras mulheres (At 1,12-14; 2,1-4);
4º mistério: A assunção de Maria ao céu em corpo e alma;
5º mistério: A coroação de Nossa Senhora como Rainha do céu e da terra.

Os dois últimos mistérios encontram sua inspiração na palavra da Sagrada Escritura interpretada pela experiência de fé e pela reflexão teológica que se apóia nos dados da revelação que são dados da nossa fé cristã. A contemplação de todos estes mistérios, pela sua natureza, conduzem a uma reflexão que nos move à prática do bem e nos estimula a novas normas de vida cristã e ética. A proclamação da Palavra de Deus constitui o primeiro elemento teológico-espiritual do Santo Rosário.

e) O Pai-Nosso

O segundo elemento teológico-espiritual do Rosário é a oração ensinada por Jesus e se encontra na base da contemplação e da oração cristãs, porque as enobrecem nas suas diversas expressões. O Pai-Nosso diz respeito à causa de Deus, seu Reino, sua vontade santa. E concerne à nossa causa também o pão de cada dia, o perdão e o mal que nos ameaçam continuamente.

f) A Ave-Maria

A oração da Ave-Maria, tão profundamente assimilada pela piedade popular desde crianças, encerra as riquezas do Mistério de Deus em Maria. É uma mina de ouro. A sucessão litânica desta oração foi assim composta:

- pela saudação do Anjo Gabriel a Maria (cf. Lc 1,28);
- pelo louvor que Isabel faz de Maria (cf. Lc 1,42);
- pela súplica das comunidades de fé.

A continuada recitação das *Ave-Marias* é uma característica peculiar do Rosário que leva à contemplação e à intimidade com o Senhor que se tornou íntimo da Virgem Maria.

g) O Glória-ao-Pai

É a doxologia, quer dizer, a glorificação que se dá a Deus Uno e Trino, que vive em nós e se revela como Comunidade de Amor. Por esta oração tão curta mas muito poderosa, subsistem todas as coisas que Deus plasmou com suas próprias "mãos".

h) Sintetizando

Destacamos quatro pontos que são importantes para a vida cristã de todos, sobretudo das nossas famílias.

1) A recitação do Rosário *tem sua índole própria* que se reflete nas invocações repetidas que o fiel dirige à Trindade Santíssima através de Maria. É portanto uma recitação que se torna:
- profunda e intensa na proclamação da Palavra;
- grave e implorante no Pai-Nosso;
- lírica e laudativa no transcorrer calmo das Ave-Marias;
- contemplativa na reflexão atenta sobre os mistérios;
- adorante na doxologia (MC 50).

2) A recitação do Rosário cria a *Igreja doméstica* porque reúne seus membros em torno da Palavra de Deus, os incentiva a promover a justiça, a prática da solidariedade com os mais necessitados e abrir-nos à disponibilidade do serviço para o bem comum. Recuperar a noção teológica da família como Igreja doméstica significa

dizer que essa compreensão passa pela oração feita juntos, em família (MC 52).

3) A recitação do Rosário não deixa a família render-se aos condicionamentos do ambiente sociocultural e sobretudo econômico, mas supera-os, não sucumbe, mas sim eleva-se diante da modernidade globalizada que a desafia.

4) Finalmente a reza do Terço ou do Rosário deve deixar todos os cristãos serenamente livres e motivados a recitá-la como uma oração que lhe dá tranquilidade e os atrai pela sua força e beleza. Estas brotam do interior do coração humano aberto ao Espírito enviado por Cristo, o Filho do Pai.

VIII - Valor teológico-pastoral do culto a Maria

Como conclusão Paulo VI afirma, neste documento, que a devoção a Maria é um elemento qualificador e intrínseco da autêntica piedade da Igreja como Povo de Deus e do culto cristão. Puebla retoma esta afirmação e a interpreta para a nossa realidade latino-americana, dizendo que é uma experiência vital e histórica dos nossos povos latinos (cf. DP 283).

1. Valor teológico

Quanto ao valor teológico do culto à Virgem o documento destaca o seguinte:
- tem raízes profundas na Palavra revelada que encontramos na Sagrada Escritura e na grande Tradição da fé da Igreja primitiva;
- tem sólidos fundamentos dogmáticos que nascem do testemunho de fé das comunidades ao longo dos tempos.

Esta experiência de fé comunitária da Igreja feita através de seus povos pode ser sintetizada nos elementos da dogmática mariológica. Estes elementos constituem os dogmas que dizem respeito a Cristo e a Maria. São eles:

A *maternidade humana e divina de Maria* que a fez Mãe de Deus, e por isso era íntegra no seu corpo e na sua alma. A maternidade de Maria é uma maternidade virginal porque é a Mãe do Deus Encarnado na Pessoa de Jesus Cristo. Daí a origem do culto como culto à *Virgem Maria;*

A *Imaculada Conceição de Maria* por ter sido isenta do pecado original, portanto, Ela é a Mulher toda santa;

A mulher *cheia de graça* que foi *Assunta ao céu em corpo e alma* depois de haver feito sua caminhada terrena. Prestar culto a Maria é aproximar todos os homens e todas as mulheres de Jesus para torná-los sempre mais parecidos com Ele. Esta experiência de fé tem grande eficácia teológico-pastoral.

2. Valor pastoral

O culto à Virgem sempre desemboca numa prática que constrói o Reino e renova os costumes cristãos, sobretudo para a humanidade dos nossos tempos, a qual vive atormentada pela violência e pelas guerras, prostrada pela sensação das próprias limitações, assaltada por aspirações sem limites, perturbada na mente e dividida em seu coração, suspensa diante do mistério da morte e ao mesmo tempo sedenta de comunhão, de participação e de solidariedade.

Dentro deste quadro Maria é a figura mais terna e mais contemplada na realidade que Ela já alcançou como membro vivo da comunhão dos santos. Ela nos mostra um horizonte sereno e tem uma palavra que tranquiliza e dá segurança. É a palavra:

- da vitória da esperança sobre a angústia;
- da comunhão sobre a solidão;
- paz sobre a perturbação e o medo;

- da alegria e da beleza sobre o tédio e a náusea;
- das perspectivas eternas sobre as temporais;
- e, enfim, da vida plena sobre a morte.

Finalmente, Paulo VI conclui sua exortação expressando sentimentos de alegria por haver tido a oportunidade de falar do culto devido à nossa Mãe Maria Santíssima e incentiva todos os cristãos à confiança e à esperança de um mundo cada vez melhor. Finalmente coloca a data deste documento com estes termos:

> Dada em Roma, junto de São Pedro, no dia 2 de fevereiro, Festa da Apresentação do Senhor, do ano de 1974, décimo primeiro do nosso pontificado.
>
> *PAULUS PP. VI*

IX - Resumo

Aquilo que deve ficar bem claro nesse capítulo é a noção de culto devido a Deus, Comunidade Trinitária e relacionada para dentro e para fora. Partindo do AT o culto coloca em comunhão com Deus a pessoa que acredita nele. Esse culto chega ao seu ponto mais alto com a promessa. É o que se verifica com Jesus no NT: deixa como grande e culto máximo ao Pai o Memorial Eucarístico. Segundo São Paulo, o verdadeiro culto é oferecer a Deus a própria vida e a verdadeira liturgia compromete toda a existência na construção do Reino.

A origem e o verdadeiro culto a Maria encontra suas raízes no culto máximo devido ao Enviado do Pai que doou a vida para a humanidade uma vez por todas. Seu desenvolvimento vem do testemunho de fé das comunidades apostólicas que celebravam a Ceia do Senhor. Ao longo do tempo os textos marianos neotestamentários foram sendo inseridos como parte integrante da profissão de fé, seja nas celebrações, como na catequese primitiva e na pregação dos Padres da Igreja dos primeiros séculos.

A Exortação de Paulo VI tem como objetivo retomar a originalidade do culto mariano na liturgia e na devoção que cada povo dedica à Mãe do Senhor. Partindo dessa originalidade, o papa, como mestre nas coisas da fé, abre espaços para a criatividade da fé que se manifesta nas diferentes culturas. O verdadeiro cristão é a pessoa que coloca Cristo no centro de sua fé e Maria como figura central do cristianismo, pois ela nos trouxe o Salvador de toda a humanidade.

4
Por que o povo coroa Maria
Partindo do NT e de Puebla

Nota que justifica este capítulo

Aloísio Cardeal Lorscheider, arcebispo emérito de Aparecida, assim se pronuncia: *Celebrando-se o primeiro centenário da coroação de Nossa Senhora Aparecida, aos 8 de setembro de 2004, sentiu-se a imperiosa necessidade de um aprofundamento teológico desse acontecimento. [...] À primeira vista parece até estranho o fato de uma celebração especial da coroação. Mas é verdade que por detrás desse fato tem muito amor filial, isso tem.*

Maria Clara Luccheti Bingemer, teóloga e decana do Centro de Teologia e Ciências Humanas da PUC-RJ, faz esta apresentação: *Num país, onde a devoção mariana é de tanta importância, este pequeno grande livro certamente traz uma contribuição preciosa. O significado da coroação de Nossa Senhora [...] é central na piedade mariana que aquece o coração dos povos latinos e muito especialmente o povo brasileiro. É algo a destacar certamente a profundidade e a pertinência da parte dedicada à Bíblia. [...] Não menos digna de louvor é a abordagem feita sobre a realeza de Maria como serviço aos pobres.*

I - Uma questão de amor

A elaboração do presente texto tem a colaboração franca e espontânea do povo com quem se vive e se celebra os momentos de fé cristã mais significativos da nossa vida e da vida da Igreja toda. Para isso se lançou uma enquete mariológica, no início do mês de maio de 2004, para que todos pudessem expressar o sentido dado à coroação e o que ela significa para a vida de cada comunidade e de cada pessoa.

As respostas vieram de vários grupos, distintos lugares de paróquias vizinhas, assim como de periferias e das pastorais organizadas que atuam junto aos menos favorecidos. As respostas foram generosas e com elas se obteve uma variedade de significados que a coroação de Nossa Senhora tem para tais pessoas e comunidades que vivem sua fé no compromisso do Reino.

Pode-se destacar dois significados importantes que formam o núcleo das respostas recebidas e que, ao mesmo tempo, manifestam a profundidade da fé cristã e a sua prática do dia a dia, seja pelo culto como pela devoção popular marianos. São estes os significados que a coroação tem para o povo. Coroamos Maria porque ela é Rainha e é Mãe.

1. Maria é rainha

De acordo com grande parte de outros grupos pastorais, Maria é rainha no sentido de ter sido a primeira mulher que nos precede no discipulado do Reino de Deus aqui na terra. Este Reino foi inaugurado por Jesus. O Reino pregado por Jesus é uma categoria que abrange todas as realidades novas nascidas do anúncio de que o Pai está no meio de seu povo através da Pessoa de Jesus seu Filho e filho de Maria. Maria é membro da comunidade que acredita e vive este Reino, por isso o título de rainha nasce da categoria

Reino de Deus porque ela é discípula-mãe neste Reino pregado por Jesus. Nesse contexto, a coroação de Nossa Senhora representa, para toda a comunidade cristã, e indica o reconhecimento de Maria como rainha por ser membro da comunidade de fé. Sendo rainha deve ser coroada como expressão de fé no Reino pregado por Jesus e culto à Mãe que acreditou no plano salvífico do Pai. O testemunho que segue é significativo pelo seu conteúdo e pelo testemunho de fé inspirados em Maria de Nazaré.

> A coroação de Nossa Senhora não é uma coroação qualquer – como a de reis e rainhas, por exemplo. Ou como arremate de algum feito coroado de êxito. A coroação de Nossa Senhora significa o agradecimento do nosso coração filial, a manifestação da nossa ternura e do nosso encantamento diante da Mãe querida.

Maria é coroada aqui na terra como Rainha, porque antes de nós foi coroada no céu por seu divino Filho. Por isso é importante que continuemos coroando Maria aqui na terra.

2. *Maria é Mãe*

A coordenadora de várias pastorais de uma paróquia a qual inclui, nos seus serviços de evangelização e de promoção social, as comunidades de fé da periferia da cidade, une o título de Rainha ao de Mãe de Jesus. Por coroação ela entende o seguinte:

> É a expressão máxima de reconhecimento, e ninguém mais, depois de Jesus, merece ser coroada, senão Maria. Se olho para a vida de Jesus, desde o seu nascimento até a sua ascensão, sinto a grandeza da presença da mãe, seja na vida familiar do dia a dia, como na vida pública do Filho. Basta pensar que de mãe se faz discípula fiel do Filho que amamentou. No nascimento da Igreja que continua com o nosso compromisso de fé até nos dias de hoje, tão escuros e violentos, no evento Pentecostes, lá está Maria junto com as outras mulheres e os apóstolos, no cenáculo, esperando o Espírito

Santo. Todo esse caminho é considerado, por nós, durante o mês de maio que culmina com a coroação de Maria! Para mim, esse exercício de piedade tem grande sintonia com a vontade de Jesus que quer ver sua mãe coroada por seus irmãos e irmãs adotivos.

Várias respostas individuais, e outras dadas em grupo, ressaltam a realeza de Maria como serviço ao povo, como resposta de seu SIM na Encarnação, como canal que facilita a graça salvadora para a humanidade toda. Jesus se fez ato de justiça porque Maria deu sua adesão ao plano salvífico que lhe exigiu doação total da vida ao pé da cruz, junto ao seu Filho. E, finalmente, a coroação legitima o que Maria representa para a nossa vida cristã em termos de fé amorosa, esperança fundante e amor com dimensões universais.

II - O significado da coroa: alguns escritos do Novo Testamento

Tanto nas mais antigas culturas como nas crenças religiosas dos povos do nosso tempo, a coroa valoriza a conotação gloriosa da pessoa que a porta em nome de um serviço que presta ao povo. Ela assinala o caráter transcendente de uma realização bem-sucedida. Sua forma circular indica a perfeição e a participação da natureza celeste de que o círculo é o símbolo. A coroa une o que existe na terra com tudo o que existe no céu (CHEVALIER, 1993: 289-291, verbete "Coroa").

Nessa luz, a coroação de Maria representa um dos momentos altos em que a fé popular experimenta o elo que une a Igreja e a humanidade a Deus, através de Jesus Cristo.

Nos escritos paulinos: Paulo emprega essa palavra num sentido metafórico, isto é, num sentido figurado, sobretudo no cristianismo primitivo, o qual lhe dá um significado espiritual e religioso. O apóstolo toma o exemplo do atleta que conquista a vitória nos jogos e combates do estádio. Ele explica que todas as forças vivas desse atleta se concentram numa participação que lhe garanta a coroa como recompensa do seu esforço. Por isso, assim escreve à comunidade de Corinto: *Os atletas se abstêm de tudo; eles, para ganhar uma coroa perecível; nós porém, para ganhar uma coroa imperecível* (1Cor 9,25).

Paulo arremata esse pensamento, escrevendo aos cristãos da cidade de Filipos dizendo que a própria comunidade de fé se torna coroa para ele, quando a comunidade se mantém fiel aos ensinamentos deixados pelo Senhor. Em seus últimos conselhos, diz a toda comunidade filipense: *Assim, irmãos amados e queridos, minha alegria e coroa, permanecei firmes no Senhor, ó amados* (Fl 4,1).

Para Tiago, também conhecido como primo-irmão do Senhor, escreve, em sua carta datada em torno ao primeiro século do cristianismo, em que consiste o significado da coroa para quem segue as pegadas de Jesus. Para ele, a coroa é o símbolo da recompensa de uma vida santa, concedida àquele que, tendo levado a sério o Evangelho no seguimento de Jesus, merece receber dele a coroa como recompensa definitiva de sua vida, a recompensa escatológica. Assim se expressa: *Bem-aventurado o homem que suporta com paciência a provação! Porque, uma vez aprovado, receberá a coroa da vida, que o Senhor prometeu aos que o amam* (Tg 1,12).

No livro do Apocalipse: O capítulo 12 do Livro do Apocalipse começa com estas palavras: *Um sinal grandioso apareceu no céu: uma Mulher vestida com o sol, tendo a lua sob os pés e na cabeça uma coroa de doze estrelas* (Ap 12,1). São João descreve uma cena em que uma mulher nos transporta para o momento escatológico do fim, bom, da História da Salvação de todos os povos, no povo de Israel. Esta mulher traz na cabeça uma coroa de doze estrelas. A coroa da mulher do livro do Apocalipse traz a marca da consagração a Deus que lhe dá o direito de exercer o poder como serviço, às pessoas e aos povos, com as bênçãos de Javé (cf. Ez 16,12)[1]. Os profetas de modo geral chegam a dizer que Israel é a coroa de seu Deus. À luz da tradição cristã e da exegese contemporânea esta mulher é a imagem de Nossa Senhora.

A mulher Maria de Nazaré, pertencente ao povo de Israel, sem ser de descendência davídica, da qual devia nascer o Messias, torna-se a Mãe desse Messias e passa a ser a coroa do Deus supremo. Nesse contexto, o conteúdo do símbolo representado pela coroa se amplia e a coroa com que é coroada a Mãe do Messias aponta, com naturalidade, para a honra, a grandeza, o júbilo, a vitória do Reino de Deus trazido por Jesus Cristo.

Nesse espírito passa-se sem esforço à ideia de vitória escatológica, transcendente através do símbolo da coroa que representa a realeza do serviço como construção do Reino anunciado por Jesus Cristo.

O significado da palavra coroa no livro do Apocalipse, de modo particular, vem ligado a muitas situações dolorosas da realidade vivida e sofrida pelas comunidades perseguidas por causa de sua profissão de fé. As citações que seguem nos passam a ideia e a concretude da realidade daquele tempo. Estamos aqui já no início do segundo século do cristianismo.

O autor sagrado escreve às Igrejas da perseguição como que em atitude célere, pois ele manifesta a urgência com que está chegando o tempo plenificado pelo Espírito de Deus. Aquilo que esse Espírito fala às Igrejas em meio à perseguição e ao sofrimento passa pela pena do autor sagrado como se fossem as mesmas palavras que o Espírito dirige às comunidades perseguidas, animando-as para que não se percam e não mudem de rumo. João escreve como

---

1. Quando o autor sagrado, o profeta, narra de maneira descritiva a história simbólica de Jerusalém, Javé fala amorosamente com o povo dizendo: *Eu te cobri de enfeites: pus braceletes nos teus punhos e um colar no teu pescoço [...] um belo diadema na tua cabeça* (Ez 16,11-12).

se fosse o Espírito que fala às comunidades submetidas à tentação, para que não esmoreçam pelo caminho já começado. Por isso escreve: "Venho logo! Segura com firmeza o que tens, para que ninguém tome a tua coroa" (Ap 3,11).

A coroa e o trono: A seguir, o autor sagrado narra uma visão em que aparece o trono; e o trono evoca o rei. João prossegue descrevendo uma cena da realeza com estas palavras: *Ao redor desse trono estavam dispostos vinte e quatro tronos, e neles assentavam-se vinte e quatro anciãos, vestidos de branco e com coroas de ouro sobre a cabeça* (Ap 4,4; cf. 5-10). A coroa torna a pessoa participante da realeza do serviço doado à humanidade. Significa dizer que o serviço do governo do mundo é uma função real. Os vinte e quatro anciãos, que no céu representam a Igreja fundada por Jesus Cristo morto e ressuscitado, levam coroas que depositam diante do trono de Deus. O Cristo aparece como o Filho que recebe a recompensa do Pai, através da coroa, por haver realizado o plano salvífico da humanidade. Como o próprio Deus, o Filho é coroado. *[...] os vinte e quatro anciãos se prostram diante daquele que está sentado no trono para adorarem aquele que vive pelos séculos dos séculos, depondo suas coroas diante do trono e proclamando: Santo, Santo, Santo, Senhor Deus todo-poderoso, Aquele-que-era, Aquele-que-é e Aquele-que-vem* (Ap 4,10-11).

Para o mundo bíblico a coroa representa o culto máximo que se pode prestar ao Senhor Deus; a coroa, o trono, a realeza são incluídos como serviço nesse culto. Tudo se dá num contexto de fé cristã e na compreensão profunda do sentido de serviço prestado ao Senhor todo-poderoso. Depor a coroa diante do trono é demonstrar a finitude humana, a precariedade do nosso ser e o limite da vida, o vazio e o estrangulamento da existência que reclama por harmonia e integração com o Grande Mistério, o Mistério divino que se revela na fraqueza do humano.

III - Maria e o Reino de Deus

Maria participa da realeza do Povo de Deus, como povo constituído em um reino de sacerdotes e uma nação santa. *Vós sereis para mim um reino de sacerdotes e uma nação santa* (Ex 19,6). Esta é a ideia central da pregação de Jesus como anúncio do Reino. Todas as alusões bíblicas sobre o Reino proclamado por Jesus mostram claramente a condição régia do Povo de Deus a partir do qual deve-se compreender o título de Maria Rainha. Pois ela é parte desse povo e reúne em si, de modo eminente, os vários aspectos da condição régia do Povo de Deus (DE FIORES, 1995: 1.110-1.113). O Reino de Deus, com efeito, não é um lugar, mas uma relação especial entre Deus com cada pessoa e toda a humanidade.

Maria é a mulher pobre, que se esvazia de si mesma e se abre ao Espírito. Ela acolhe o Reino de Deus e é convidada especial para o banquete nupcial, considerado pela Escritura como a *entronização* e a *coroação* no mistério das bodas. Maria vive a plenitude da luz que vem de Deus, brilha na luz que de Deus emana e reina como servidora fiel desse Deus (cf. Ap 22,5). Maria alcança a coroa da glória em um contexto de serviço.

Esse contexto parece evocar um pequeno trecho que Pedro, o primeiro papa, escreve aos bispos, seus companheiros de missão. Nesse trecho ele também fala da coroa como significado de serviço feito ao povo. Assim escreve ele: *Apascentai o rebanho de Deus que vos foi confiado, cuidando dele, não por coação, mas de livre vontade, como Deus o quer. [...] Assim, quando aparecer o supremo pastor, recebereis a coroa da glória que não murcha* (1Pd 5,2-4). Tal afirmação tem um significado, que até certo ponto pode ser aplicado ao serviço de Maria no meio de seu povo, o povo que a ama e a proclama Rainha. Esta intuição traz à nossa mente espiritual a figura de Maria como pastora que pastoreia seu povo.

É nesse espírito que Maria é sentida e é suplicada pelas pessoas de fé como rainha e mãe de todos. A realeza de Maria se dá a conhecer e chega até pela sua ternura e pelo seu cuidado em atender às necessidades de cada pessoa que a invoca. Maria participa da realeza com que o serviço gratuito e querido por Deus faz de cada pessoa batizada uma pessoa participante da mesma realeza da qual se reveste o serviço trazido por Jesus Cristo, e que o realizou, no seu significado mais profundo, na Última Ceia. Aquilo que era desonroso e próprio do escravo, torna-se o primado da vida cristã com suas fortes ressonâncias na organização da vida humana, sobretudo na sua dimensão espiritual, social e de relacionamento com o outro e com Deus, Comunidade de relação amorosa.

1. Rainha a serviço dos pobres (BOAGA, 1998: 197)[2]

Maria é rainha no âmbito do serviço que presta ao projeto salvífico do Pai e no sentido de ser a Mãe de Jesus, o esperado pelo povo de Israel e reconhecido por esse povo como Rei-Messias. Maria participa dessa realeza que se concretiza no serviço aos mais pobres, aos esquecidos e largados à própria sorte. Maria é a rainha-mãe, a *gebirâh* do reino messiânico (cf. 1Rs 1,16; 2,19). Maria possibilita as núpcias do Verbo com a humanidade (DE FIORES, 1995, verbete "Rainha").

O Salmo 21 apresenta um acento messiânico e escatológico, na liturgia de coroação do rei, que se encontra a serviço do plano de Javé para com seu povo escolhido. Por isso é aplicado, no NT, à liturgia da Festa de Cristo Rei. O rei a serviço de Javé alegra-se com a força de Javé, exulta com a salvação que vem de Javé. Javé precede com bênçãos de felicidade o serviço do rei. E mais, Javé coloca uma coroa de ouro na cabeça do rei a serviço de seu povo

---

2. O relacionamento de Maria como Rainha teve notável difusão no movimento da Reforma Cisterciense e nas Ordens Mendicantes, surgidas a partir do século XII. Firma-se a reflexão teológica sobre a realeza de Maria, sobretudo como Mãe. Junto ao Filho, Maria exerce sua realeza como serviço materno de misericórdia para com a humanidade.

(cf. Sl 21,2.4). A coroa é sempre um sinal de consagração e o ouro puro, como preciosidade da terra, acompanha o ritual da coroação consagrada (cf. Ex 39,30).

Maria é rainha porque participa da realeza que Cristo dá a seu povo, como povo escolhido. Ela é uma mulher do povo e com o povo participa de tudo aquilo que lhe é conferido pela graça salvadora de Cristo, por obra do Espírito Santo.

O prestígio da Mãe Rainha, a partir da liturgia que tem como tema de fundo a figura de Maria, pode ser vislumbrado também no Salmo 45, o Epitalâmio real[3], contexto em que as nações convertidas ao Deus verdadeiro são admitidas ao serviço da realeza de Javé. Por isso o autor sagrado descreve a cena da realeza nesses termos: *Entre as tuas amadas estão as filhas do rei; à tua direita uma dama, coroada com ouro de Ofir* (Sl 45,10). Essas palavras poéticas são dirigidas à Rainha-Mãe que participa da realeza porque se faz serva de seu povo.

No Cântico dos Cânticos, as filhas de Sião são convidadas a ver a mãe-rainha que coroa seu filho no dia das núpcias: *Ó filhas de Sião, vinde ver o Rei Salomão, com a coroa que lhe pôs sua mãe no dia de suas bodas.* Destas palavras do poeta alarga-se a inspiração cristã, já tardia para o contexto da Mãe do Rei-Messias que transita no universo religioso e na expectativa do povo israelita. A dignidade da mulher que coroa seu filho lhe vem de havê-lo gerado (MILITELLO, 1999: 128-130) para a humanidade.

Maria é Mãe porque acolheu em si mesma o Salvador do mundo e o doa a todos os povos. Maria é Rainha porque gera o Verbo e serve ao projeto salvífico do Pai, doando a Palavra à humanidade inteira.

---

3. Canto ou poema nupcial.

2. Rainha de misericórdia

Santo Afonso de Ligório, em seu capítulo I do tratado que escreve sobre Nossa Senhora com o título "Glórias de Maria" (LIGÓRIO, 1989), abre o capítulo com esta saudação: "Salve, Rainha, Mãe de Misericórdia". Continua em seguida afirmando: "Nossa confiança em Maria deve ser ilimitada, porque ela é Rainha de Misericórdia". E o mesmo santo começa o capítulo com esta outra afirmação: "Maria é Rainha" (LIGÓRIO, 1989: 35). E, para tornar sua obra digna dessa Rainha, faz uma prece em que a chama de "Ó minha caríssima Rainha" (LIGÓRIO, 1989: 22).

Segundo o tratado do nosso santo, "Maria não só dá quanto lhe pedimos, mas ela mesma nos oferece a todos nós leite e lã. Leite de misericórdia para animar-nos à confiança, e lã de refúgio para nos defender dos raios da justiça divina". O amor que Afonso de Ligório nutre por Maria leva-o a citar nome e obra de grandes figuras de santos e santas do cristianismo primitivo, dos padres e madres da Igreja, do passado medieval até chegar ao seu tempo.

3. Rainha do povo e de seus pastores

Dois livros sapienciais do Antigo Testamento ajudam a iluminar ainda mais o significado da coroação de Maria. O livro dos Provérbios fala da dignidade da mulher forte como sendo a coroa do marido (cf. Pr 12,4). E o livro da Sabedoria atribuído a Salomão, um sábio de Israel, da segunda metade do século I da nossa era, exalta o destino glorioso da pessoa que faz justiça. Das mãos do Senhor receberá a magnífica coroa real, o diadema de beleza; com sua direita será protegida e com seu braço amparada e defendida (cf. Sb 5,16).

Maria é rainha, não porque é cortejada como as rainhas da terra, mas porque vai ao encontro do povo que a ama e a torna presente de modo singular junto a todos os segmentos da Igreja, até mesmo junto aos pastores que presidem o serviço do louvor a Deus em nome desse mesmo povo.

Sentindo e vivendo junto com o povo esse elemento mariano tão forte, João Paulo II, quando esteve pela primeira vez no Brasil se pronunciou de maneira bastante carinhosa e clara sobre isso, expressando seu pensamento de pastor. O papa deseja aos nossos bispos que Maria alcance de seu divino Filho, para eles, audácia de profetas e prudência evangélica de pastores, clarividência de mestres e segurança de guias e orientadores; força de ânimo como testemunhas e serenidade, paciência e mansidão de pais (JOÃO PAULO II, 1979: 31).

Em palavras mais simples o papa quer dizer que ninguém deve ter medo de anunciar a verdade da mudança que tem em vista uma nova ordem social, um novo começo de vida integrada no corpo e no espírito, mesmo quando denuncia o mal que pervade a humanidade toda. O cântico do Magnificat é exemplo claro dessa *parresía*, quer dizer, dessa coragem de profetizar a partir do que se vive, no presente, em vista da vida escatológica.

Por isso, cada uma das estrelas do trançado que compõe a coroa que cinge a cabeça de Nossa Senhora é *figura* enquanto evoca Deus Pai que caminha com seu povo peregrino e é *símbolo* enquanto transita pelo coração, pelo sentimento e pela devoção testemunhada e proclamada pela vida e pela fé autêntica de cada romeiro, que da santa se aproxima e se prostra ao chão da nossa abençoada terra brasileira.

IV - A coroa e o povo peregrino

Em primeiro lugar deve-se levar em conta o seguinte: o marianismo do nosso povo busca, junto às figuras de Nossa Senhora,

um símbolo vinculado a um arquétipo feminino. Daí as figuras de Maria se apresentarem com estas características:
- uma coroa de doze estrelas na cabeça;
- a lua sob os seus pés com rosas como enfeite;
- a serpente com a boca aberta;
- uma faixa azul cobrindo-lhe o ventre.

Cada um desses elementos tem um significado muito profundo no imaginário simbólico dos povos.

1. *A coroa de estrelas*

Na tradição judaico-cristã, a estrela é o símbolo de muitas coisas ligadas ao universo religioso dos povos. A estrela é também, segundo a mesma tradição, uma teo-fania, isto é, uma manifestação de Deus para o povo que guarda sua fé e busca esse Deus no escuro da noite de sua peregrinação terrestre. A estrela ajuda a enxergar na noite da fé. Sua luz ajuda preservar das ciladas do caminho pedregoso a criatura que busca seu Criador. Ela fulge não apenas no céu físico, mas no coração de cada pessoa sem rumo, de cada pessoa com rumo ou daquela mergulhada na noite dos sentidos (CHEVALIER, 1993, verbete "Estrela").

Para o povo peregrino do Brasil, chegar ao Santuário da Mãe, aproximar-se dela e falar-lhe dos mistérios da vida que carrega na fé, na mulher coroada com doze estrelas (VANNI, 1984: 66)[4] representa, além das doze tribos de Israel, raiz que se desenvolve no Novo Testamento, nos doze apóstolos, é um fato portentoso de

---

4. Todo o capítulo 12 é inteiramente dominado pela vicissitude da mulher e do dragão. Interessa enfatizar a mulher. O autor utiliza-se talvez de algum conto popular de origem mitológica, mas o simbolismo abrangente que ele exprime é extraído inteiramente do AT. A mulher representa o Povo de Deus, sua vicissitude exprime momentos e aspectos do embate entre o bem e o mal, no qual se articula e desenvolve a História da Salvação. As doze estrelas simbolizam este acontecimento.

graça que pertence à transcendência, ao céu. Mas é um fato que deve ser experimentado pelo romeiro, agora, e ao mesmo tempo deve ser proclamado com sua vida e sua doação feitas por amor, como Jesus Cristo o fez.

O símbolo mais forte das doze estrelas que formam a coroa de Maria com a qual ela é coroada pelo povo peregrino, o qual a visita continuamente e a saúda com seu gesto de ternura e amor filial, é o fato de que esse povo plasma novas modalidades de culto à Mãe, burila novos modos de entrar em relação com ela, cria e planta novos jeitos de cultuá-la, de expressar-lhe o carinho que sai do fundo de seu íntimo, de seu mistério existencial carregado de sofrimento e de alegria do cotidiano.

Por isso, cada estrela representa para o nosso povo uma modalidade criativa e nova de devoção e culto à Virgem de todos os santuários e de todas as nossas basílicas a ela dedicadas. Puebla atribui a Maria muitos títulos que inspiraram o significado de cada estrela da coroa de Nossa Senhora. Cada uma delas é *figura* enquanto evoca o humano e o divino; e é *símbolo* enquanto transita pelo universo cultural religioso do nosso povo.

2. A lua e as rosas

O povo de Israel vive um momento crítico da sua vida. Maria traz a lua sob os pés para indicar que o Messias esperado está chegando, e ela quer iluminar com a lua esse momento histórico, com o reflexo da luz do sol – Cristo – quer iluminar a humanidade cheia de esperança.

A lua é o único satélite natural da Terra em torno da qual realiza uma série de revoluções, que são as fases da lua. Iluminada pelo sol, o Cristo Jesus, Maria provoca e realiza mudanças que abrem a humanidade para o Senhor que vem.

As rosas anunciam o tempo da primavera que precede a estação do calor e da claridade que vem do sol. Sinaliza a nova criação que afaga e torna iluminada toda a humanidade.

3. A serpente

A serpente é um animal inteligente, usa dessa inteligência para fazer o mal. O Apocalipse retoma esta imagem para explicar a luta do povo contra o mal porque o povo cultua a Mulher que esmagou a cabeça da serpente, como o livro do Gênesis fala da criação, no início da Bíblia (cf. Gn 2–3). O dragão e a serpente são o mesmo e único personagem. A serpente persegue aqueles que cultuam a Mulher: *Cheio de raiva por causa da Mulher, o dragão começou a combater o resto dos filhos dela, os que observam os mandamentos de Deus e guardam o testemunho de Jesus* (Ap 12,17).

Atualmente, a serpente se encontra personificada na ciranda do mercado de consumo, nas estruturas que defendem tal ciranda e no progressivo empobrecimento do povo. Mas, para os que crêem que esperam e que amam sem medidas o Deus da vida, Maria continua sendo abrigo contra toda forma de mal.

4. A faixa azul

Maria está grávida de Jesus Cristo, o Enviado do Pai. E isso é representado pela faixa azul da cor do céu. Assim se anuncia a chegada iminente da graça salvadora do Pai para todos os povos da terra. As estrelas que pontilham a faixa a tornam mais luminosa e resplendente. Toda a humanidade está inserida nesta faixa que cobre o ventre da Mulher grávida e ao mesmo tempo esse ventre, discretamente velado pelo azul da faixa, anuncia uma nova criação.

Esses sinais externos indicam elementos fundantes do universo religioso e católico do povo brasileiro. Eles constituem sua identidade como povo de fé professada, de esperança continuamente renovada e de amor-doação pelo Reino que já começa nesta terra, como condição urgente e necessária, para que se chegue ao Reino escatológico do céu.

Não se trata aqui de sociologia, mas de fé popular que leva a uma experiência do Deus-Comunidade de Amor, testemunhado e anunciado por Jesus, o filho de Maria.

5. *A carga simbólica da coroa*

É uma carga humana espiritual tão forte que nos leva a retomar aqui alguns aspectos do simbolismo da coroa (CHEVALIER, 1993, verbete "Coroa"), os quais transitam pelo universo devocional e cultual do nosso povo com relação a sua intimidade com Maria coroada como rainha dos corações. Três são os aspectos simbólicos que destacamos:

- o lugar que a coroa ocupa;
- a forma circular da coroa;
- a promessa que a coroa representa.

O lugar: O primeiro aspecto é referente *ao lugar* que a coroa ocupa na imagem de Nossa Senhora. Maria é coroada no alto da cabeça, o que lhe confere uma significação sobreeminente com respeito à criação. Desse lugar Maria protege seu povo caminhante.

A forma: O segundo aspecto é referente à *forma* circular da coroa; ela é um círculo que une o que está acima de Maria, a Igreja celeste com o que está ao redor de Maria, a Igreja peregrina, caminhante, que habita o planeta Terra. A coroa, então, está colocada entre o povo da terra representado na imagem de Maria e o céu de onde Maria exerce seu reinado como serviço aos que mais necessitam de sua presença atuante. Esta se estende junto a Deus Pai, como filha querida, junto a Deus Filho, como Mãe que se fez discípula e junto a Deus Espírito Santo como Esposa a quem abriu suas entranhas de Mãe amável para acolher o Salvador da humanidade. A coroa, portanto, une a terra com o céu, e a sua forma circular indica a perfeição e a participação da Igreja celeste com a Igreja terrestre.

A promessa: O terceiro aspecto é referente à *promessa* que a coroa representa. A coroa é colocada na cabeça de uma pessoa que passou pela prova da tentação, pelo fogo do sofrimento, pelo cadinho da purificação da vida em peregrinação, para merecer a coroa da imortalidade. Esta é a promessa simbolizada na coroa. Disso concebe-se que a coroa dá uma dignidade a quem superou os limites da caminhada terrena. Abre o acesso a um nível de serviço que eleva e ilumina. Atrai a proteção de Deus e coloca cada pessoa na direção da recompensa escatológica. Essa recompensa se realizará com a conquista da vitória final que ultrapassa o tempo e o espaço para deixar-se tomar plenamente, pela transcendência da vida definitiva, a vida da eternidade.

V - O povo peregrino tece a coroa

O romeiro se coloca primeiramente ao lado de Maria, a Mulher vestida com o sol, com a luz sob os pés e sobre a cabeça uma coroa de doze estrelas (cf. Ap 12,1-2). Dessa forma, o povo entende estar colocando sua estrela da vitória na coroa de Maria. Depois o povo sai em luta contra o dragão, que entra no mundo e quer devorar o Filho de Deus que está para nascer do seio da Mulher coroada (cf. Ap 12,3.5-6). Mas o mal é vencido e o Filho nasce como o Salvador do mundo e de todas as pessoas que enfrentam o mistério tenebroso do mal. Assim, mais uma estrela é colocada pelo povo na coroa da Mulher do Apocalipse.

Nessa penosa luta do bem contra o mal, o povo prepara cada estrela que coroa a Mulher forte, aquela que enfrenta a morte. Por isso a coroação de Nossa Senhora é a recompensa de cada batalha vencida pelo bem, de cada passo dado no chão duro da história. Para cada estrela da coroa que cinge a cabeça de Maria há um significado que envolve toda a vida do povo.

O povo invoca a Mulher que proclama a vitória do bem sobre o mal, da misericórdia sobre a dureza dos corações humanos, do pecado sobre a graça salvadora trazida por Jesus. A recompensa dessa luta é a participação nas bodas eternas preparadas pelo Cordeiro pascal. Sobre o monstro destruidor reina agora a reconciliação, a paz, a justiça e o amor que perdura pela eternidade.

Entre a penosa luta do bem contra o mal o nosso povo prepara, com fé e com lúcida garra, cada estrela que coroa a Mulher forte. A coroação de Nossa Senhora, preparada com tanto amor e com tanto carinho e fé verdadeira, é a recompensa de cada batalha vencida pelo bem, de cada caminhada feita no pedregulho da estrada. Essa estrada desemboca na realização da promessa feita às nossas grandes mães e às nossas nobres matriarcas; assim como aos nossos grandes pais, fiéis e destemidos patriarcas da História da Salvação. Para cada estrela da coroa que cinge a cabeça de Maria há um significado que envolve toda a vida do povo peregrino.

Por isso, a preparação para coroar Maria se reveste de um significado muito especial. É alguma coisa que vai muito além da coroa enquanto objeto físico.

1. *De que modo é tecida a coroa de doze estrelas*

Em primeiro lugar, *louvando Maria* nos seus doze títulos que lhe formam a coroa que cinge sua cabeça. Em seguida, *invocando-a* como a mulher que guarda o potencial evangelizador dos pobres, sua dignidade, e o poder-serviço dos escolhidos do Senhor. É nesse contexto que Maria é coroada e proclamada como Rainha dos corações da humanidade que a louva e a torna conhecida de tantos povos.

2. A inspiração de Puebla

Nesse documento, "A evangelização no presente e no futuro da América Latina", Maria é invocada como: Mãe, Esposa, Presença, Protagonista, Mulher, Serva, Libertadora, Imaculada e Senhora. Por isso a invocamos com esses títulos e aguardamos de sua misericórdia um gesto que venha ao encontro dos nossos profundos desejos de bem e de esperança.

- Mãe de Deus e da humanidade,
- Esposa do Espírito Santo,
- Mãe educadora,
- Presença sacramental,
- Protagonista da história,

Olha por nós, teu povo!
Faze-nos templos desse Espírito!
Eduque-nos para teu Filho Jesus!
Dá-nos Jesus, Sacramento do Pai!

- Mulher livre e libertadora,
- Carne envolvida pelo Espírito,
- Serva do Senhor e da Igreja,
- Imaculada Conceição,
- Companheira dos caminhantes,
- Nossa Senhora das Dores,

Torna-nos pessoas construtoras da história!
Faze-nos pessoas livres!
Doa-nos a carne de Cristo!
Ensina-nos estar a serviço!
Acolhe-nos em teu convívio!
Endireita nossos passos!
Mostra-nos a estrada da solidariedade!

- Nossa Senhora da Glória,

Precede-nos na última hora!

VI - Puebla e Maria

O documento de Puebla foi generoso ao propor Maria como exemplo eminente de seguimento a Jesus Cristo. Pelo mesmo caminho que ela andou, todos nós também queremos andar, e assim tecer a teia da coroa da nossa vida, vida gasta e doada pela construção do Reino. Maria aprendeu com Jesus como segui-lo. Nós também queremos fazer o mesmo que ela fez, pois foi a primeira mulher que nos precedeu nesse caminho. Cada estrela da coroa que enfeita a cabeça da mulher do Apocalipse corresponde a um título atribuído a Nossa Senhora. Você pode encontrar outros títulos significativos que podem ser aplicados à missão e à vida de testemunho de fé e dedicação da discípula-mãe que Maria representa. Por esse motivo Maria aqui recebe a homenagem de doze títulos diferentes, porque são doze as estrelas da mulher do Apocalipse. Segundo a tradição cristã, a mulher do Apocalipse representa a figura da Mãe do Cristo glorioso.

1. Mãe de Deus e Mãe da humanidade

Esse título fala da estrela que simboliza a maternidade humana e divina de Maria. É o símbolo mais forte do marianismo popular brasileiro. O povo sabe que encontra Maria na comunidade de fé da qual faz parte. Reconhece que nesta família de fé existe uma mãe, que é a Mãe de Deus. A própria comunidade confirma o instinto evangélico das pessoas que a constituem, instinto segundo o qual Maria é a imagem da Igreja viva e o vínculo resistente segundo o qual mantém a fé cristã de setores eclesiais que carecem de atenção pastoral adequada (cf. DP 284), uma prática pastoral fiel a sua origem fontal em Jesus Cristo, doador do Espírito Santo que faz nascer a Igreja sempre nova e sempre mais mãe e mestra.

Em todo o processo da nossa evangelização, o anúncio de Jesus Cristo Libertador esteve presente na prática pastoral e na proclamação da Palavra, apresentando a Virgem como sua mais alta realização (cf. DP 282) e como fiel seguidora de Jesus que, deixando em segundo plano o dom de ser a Mãe de Deus, fez-se a Discípula-Mãe do Filho de Deus. Essa presença de Maria na Igreja, como elemento qualificador e intrínseco da genuína piedade da Igreja (cf. MC 56) dinamizada pelo Espírito Santo, levou João Paulo II a reafirmar o que Paulo VI disse na Carta *Marialis Cultus*: a experiência de fé nos povos da América Latina se dá junto com a devoção à Virgem e tal experiência pertence à íntima identidade própria dos nossos povos (JOÃO PAULO II, 1979: 33-34).

No discurso de abertura que o papa faz da Conferência de Puebla, Maria é proposta aos nossos pastores como guia nas reflexões e decisões a serem tomadas por eles. Suplica o pontífice: *Que ela alcance de seu divino Filho para vós audácia de profetas e prudência evangélica de pastores, clarividência de mestres e segurança de guias e orientadores; força de ânimo como testemunhas e serenidade, paciência e mansidão de pais* (JOÃO PAULO II, 1979: 31).

Com referência a essa estrela deve-se concluir o seguinte: se Maria é a Mãe de Deus e a Mãe da humanidade, não poderia faltar, na coroa que lhe adorna a cabeça, a estrela que simboliza sua relação com o Deus de Jesus Cristo.

2. *Esposa do Espírito Santo*

Maria mantém uma relação especial com toda a Comunidade Divina. É pelo Espírito Santo que ela se torna fecunda. Por isso Maria continua gerando filhos e filhas que tornam a Igreja de Jesus Cristo uma Igreja cada vez mais profética e mais solidária. Pode-se afirmar que a presença de Maria no cenáculo, junto com as outras mulheres e os apóstolos (cf. At 1,12-14), um ícone da hora de Maria, por ser o tempo de Pentecostes (cf. DP 303), o tempo do Espírito que faz nascer a Igreja do Cristo ressuscitado. Nesse evento Maria está presente.

Não podemos desconhecer que a primeira descida do Espírito Santo no NT se dá sobre uma mulher, Maria de Nazaré. Maria abre-se a essa descida do Espírito e dá o seu SIM ao projeto salvífico do Pai que deve se realizar no Filho. É Ele que anuncia e traz o Reino, pois Ele é o Reino em pessoa. Com este anúncio

Maria deixa a Deus a liberdade de agir com sua graça salvadora sobre toda a humanidade da qual é também filha. Acolhendo essa graça em sua própria corporeidade (BOFF, Leonardo, 1999: 142ss.)[5], dá a Deus a liberdade de fazer chegar até nós a graça divina que se entrelaça com a natureza e a realidade humanas (MARTÍN, 2002: 314-316). Jesus realiza o plano salvador do Pai, o de reconciliar toda a humanidade consigo mesma, com a criação e com o Deus que se revela ao povo de Israel como Comunidade de Amor.

Maria, a mulher inserida no Mistério de Cristo, é invocada como a mulher que recebe do Pai a revelação maior, o Mistério da Encarnação do Senhor: Por isso o romeiro canta em contemplação: *Faça-se em mim, pobre serva, o que a Deus aprouver!*

3. Mãe educadora

Maria como Mãe educadora é símbolo vigilante de todos os momentos da vida humana espiritual de seus filhos e filhas. Essa estrela contém todos os elementos que se encontram nas outras estrelas que adornam o diadema da mãe. Maria cuida para que o Evangelho nos penetre intimamente, plasme nossa vida de cada dia e produza em nós frutos de santidade. Enquanto nosso povo peregrina por esse mundo, precisa de Maria como educadora da fé (cf. DP 290), para que não haja esmorecimentos ao longo da caminhada.

A Constituição *Lumen Gentium*, em seu número 63, coloca Maria como Mãe e Educadora do povo. É educadora porque colabora com o plano do Pai que está sendo realizado por seu Filho

---

5. Segundo o autor, *corporeidade* é um conceito que exprime a totalidade do ser humano enquanto é um ser vivo, parte da criação e da natureza. Não se deve confundir com *corporalidade*, termo da antropologia dualista que interpreta o ser humano como a união de duas partes distintas, o corpo e a alma.

Jesus; é educadora porque cria condições de crescimento da vida de seu povo; é educadora porque sinaliza caminhos, cria possibilidades de vida, estimula adesões, constrói o Reino junto com o povo, incentiva, ilumina e fortalece.

Finalmente, Maria é educadora da fé, uma fé que dá condições humanas e sociais para que a vida desabroche, louve o Senhor e chegue à sua plenitude (AVELAR. In: BOFF, Lina & BUCKER, 2002: 89-90).

Em João encontra-se a cena concreta desta reflexão: *Sua Mãe disse aos serventes: "Fazei tudo o que ele vos disser"* (Jo 2,5). Esta é a "hora" em que Maria se dirige a nós. Ela garante o bom êxito da festa nupcial de Caná (cf. Jo 2,1-11), e nesse sentido provoca a antecipação do sinal messiânico de Jesus, ao solicitar as necessidades do momento com sua presença atenta e acolhedora. Ela é a mulher que *educa* prevenindo, *ensina* testemunhando, e *profetisa* olhando para a realidade carente.

Essa estrela que figura dentre as outras, com seus elementos comuns a cada uma delas, lembra ao povo peregrino que ele está fazendo o caminho do seguimento de Jesus. De pé fincado no chão e de peito aberto para a entrada do vento do Espírito Santo, o povo canta em louvor de Maria como a mulher do SIM: *Ensina-me a dizer meu sim!*

4. *Presença sacramental*

Essa estrela é figura de Maria no meio do povo com sua força sacramental. Explico melhor. Cristo é o sacramento primordial do Pai, e a Igreja é o sacramento fundamental que realiza concretamente, nos sete sacramentos, os sinais eficazes da graça salvadora de Deus, parte do plano salvífico, envolvido em silêncio desde os séculos eternos e só agora revelado em Jesus Cristo (cf. Rm 16,25-26). É Ele, Jesus Cristo, que pela força do Espírito

Santo leva à plenitude salvífica a vida inteira de cada cristão como Sacramento do Pai.

O sacramental é um sinal sagrado que guarda semelhanças com os sacramentos. Mediante a intercessão da Igreja, o sacramental obtém efeitos, sobretudo espirituais (cf. SC 60), como sinal sagrado instituído pela Comunidade de fé. O Concílio Vaticano II afirma que todos os eventos da vida podem ser santificados pela presença da graça salvadora e santificadora, obtida pelos méritos da vida-paixão-morte-ressurreição de Cristo, isto é, santificados pelo mistério de Jesus como enviado do Pai pelo Espírito Santo. O sacramental é como se fosse o anel de conjunção entre a celebração dos ritos litúrgicos dos sete sacramentos (MEYER. In: VV.AA., 1980: 1.024-1.025, verbete "Sacramentali") e os gestos, os sinais, as romarias aos santuários, as rezas, as bênçãos, as repetidas consagrações, as devoções, os cultos e as tradições sagradas da religiosidade popular.

É nesse sentido que Maria é presença sacramental, no culto que a ela prestamos e na devoção que por ela cultivamos de forma sempre mais criativa e centralizada no mistério de seu Filho Jesus, pois nele ela está inserida (BOFF, Lina, 2002: 41-60) como nunca. É presença sacramental dos traços maternais de Deus, realidade transcendente, trans-histórica, tão profundamente humana e santa, que desperta nas pessoas de fé, as preces da ternura, da dor, mas de modo especial acorda a esperança no íntimo de cada povo (cf. DP 291). Ela tem a nossa cor, as nossas feições e o nosso modo de vestir. Relaciona-se conosco como uma pessoa do nosso povo brasileiro e continental. Por isso é aclamada como: *Mãe do céu morena, Senhora da América Latina!*

5. Com Jesus, protagonista da história

Essa estrela simboliza a luz que recebe dos fatos da história humana do nosso povo peregrino e brilha porque é figura do evento da revelação de Deus a seu povo. Por Maria Deus se fez carne, torna-se homem, entra num povo, se faz o centro da história da humanidade. Maria é o ponto de união, de matrimônio entre o céu e a terra. Sem Maria o Evangelho se desencarna, se desfigura e se transforma em ideologia, em racionalismo espiritualista (cf. DP 301). É nesse contexto que Maria é protagonista da História da Salvação junto com Jesus Cristo.

Antes de tudo Maria faz da Igreja um lugar onde as pessoas se educam para fazer uma história nova, para narrar e celebrar os fatos e os eventos da história dos nossos povos (cf. DP 274-276), a história que parte da compreensão da vida e do ministério concreto do Jesus da história (cf. DP 436).

A seguir deve-se levar em alta consideração que com seu SIM Maria anuncia, claramente, o Mistério da Encarnação (ANDERSON & GORGULHO. In: SANTOS, 1979: 92), força motora da nossa história e luz inspiradora da verdadeira mudança social que aponta para a construção do Reino trazido por Jesus (cf. DP 174).

Finalmente, para que o nosso anúncio seja claro e profético como o de Maria ao aceitar ser a colaboradora do projeto salvífico do Pai em Jesus, seu Filho, creio necessário fazer o seguinte lembrete de natureza evangelizadora:

- **anunciar** o Mistério da Encarnação sem equívocos, tanto na sua dimensão divina como na sua dimensão humana (cf. DP 175);
- **proclamar** que o Cristo ressuscitado e celebrado pela fé da Igreja é o Jesus de Nazaré que partilhou a vida com os pequenos, com os angustiados e os sem-esperança (cf. DP 176);
- **celebrar** na vida e com a vida o Cristo vivo, o doador do Espírito que funda a Igreja, presente e atuante no mundo e Senhor da história (cf. DP 177, 195).

Historicamente, Maria evangelizou *anunciando* com sua vida, *proclamando* com sua palavra e *celebrando* junto com seu povo. Temos assim a nova criação e nela inserida a nossa Santa Mãe Maria.

Com referência a essa estrela, a simbólica popular reúne e harmoniza uma série de alegorias que as vive e as celebra como evento da revelação do Deus do Êxodo, até a proclamação do Batista, com o anúncio do "eis o cordeiro de Deus que tira o pecado do mundo" (Jo 1,29). Esse anúncio do Batista tem sua primeira manifestação no encontro de Maria com Isabel, justamente quando Maria proclama o Magnificat que narra a inteira história salvífica do povo de Israel. Por isso o povo romeiro faz história cantando: *Minha alma dá glórias ao Senhor!*

6. Mulher livre e libertadora

Partindo da nossa extensa realidade continental considero central o simbolismo dessa estrela. Ela compõe o diadema que orna toda a figura de Maria como *mãe*, como *libertadora* e como *serva* fiel. No cântico do Magnificat Maria não teve dúvidas em afirmar que Deus é vingador (MC 37) dos humildes e famintos (cf. Lc 1,52-53;). São as duas categorias de pobres que ela destaca dentre os muitos de seu povo e da humanidade dos nossos dias (cf. MC 35-37). Esta atitude da Mãe do Senhor foi a que mais esteve presente em nossas Comunidades Eclesiais de Base e mais inspirou a prática das mesmas no meio do povo pobre e das massas excluídas.

Por esse título Maria de Nazaré foi resgatada como a mulher inserida no Mistério de Cristo. Para a Comunidade Divina ela não é simplesmente uma mulher que tem função de Mãe, mas antes de tudo é pessoa, e é como pessoa que participa do mistério de Cristo testemunhado e anunciado pela Comunidade de Fé, a Igreja (BOFF, Lina, 2001: 68).

Seu projeto, evangelicamente, "revolucionário", continua propondo mudanças, sejam elas da ordem material, como da ordem moral, espiritual ou de conversão pessoal e comunitária aos caminhos do Senhor. Ela nos diz, de maneira enfática, que, nessa diferente ordem humana das coisa, só o Espírito organiza, só o Espírito regenera, só o Espírito plasma e planta, só o Espírito poda para que possamos dar frutos (ROXO, 1979: 65s.; BOFF, Lina, 2001: 19-21).

Na fala de Maria os pobres estão cheios do poder de Deus. Para salientar esse poder presente e atuante nos pobres, Maria grita com sua voz de mulher. O feminino em Maria toma uma dimensão integral de todo o ser humano plasmado e alimentado por Deus. Maria anuncia que esse poder consiste na força do braço de Javé (cf. Lc 1,51). E este é um fato que cada um de nós pode e deve constatar: os pobres se entregam facilmente ao poder salvador de Deus (ROXO, 1979: 66-67); são pessoas que se sentem excluídas do convívio normal social, e rejeitadas até por Deus; por isso elas encontram na religião a melhor solução; para elas Deus não é um mistério, mas evidência; não é enigma, mas é luz; não enfrentam o poder brutal, mas se confiam no Deus que encontram na própria religião (BOFF, Lina, 2001: 71-72).

Essa estrela figura entre as outras como a mais profética e próxima dos setores conscientes e comprometidos na mudança da situação de fome e miséria vivida por nosso povo. Maria no Magnificat une os dois polos, aquele que evoca a força interior do Espírito e aquele que aponta para a construção do Reino através do compromisso social que desemboca no Reino definitivo pregado por Jesus.

É com esperança escatológica que o nosso povo canta a toda voz: *Virá o dia em que todos veremos nesta terra reinar a liberdade!*

7. Mulher que espiritualiza a carne

Essa estrela é a figura da porta que se abre para que cada ser humano possa conectar-se com os arquétipos femininos, quase apagados do código genético humano, pela nossa cultura, ainda exclusiva. Esses arquétipos ligam a humanidade com o céu e nos ensinam que nada se divide, nada se separa, mas tudo converge para o mesmo ponto: Deus, Comunidade de Amor.

Por Maria Deus se fez carne, tornou-se homem, entrou num povo, para que o propósito do Pai, a ser realizado em seu Filho Jesus, tomasse forma humana inteligível a toda a humanidade, se apresentasse na figura do ser humano aberto ao Espírito e se transformasse numa prática onde o Espírito de Deus fosse o protagonista dessa Boa Notícia. Por isso Puebla com clareza afirma: Sem Maria o Evangelho se desencarna, se desfigura e se transforma em ideologia, em racionalismo espiritualista (cf. DP 301).

O povo peregrino conhece bem tudo isso. Conhece suas raízes de fé cristã pelas raízes culturais de fé que cultiva e aprofunda na sua experiência de marginalidade. Não só, mas também na sua experiência de descoberta que continuamente faz da presença de Deus em seu mistério. O caminhante experimenta Deus em sua ternura de Pai consolador e previdente, até mesmo nas coisas mínimas, aquelas que dizem respeito à sobrevivência, por exemplo, coisas de que ele precisa para viver. Quando fala com a Santa de todos os santuários, o romeiro faz essa experiência do Deus da vida. É ela que abre o ser humano ao Mistério infinito do Pai e do seu projeto de salvação. Através da Santa dos mil nomes é que o romeiro encontra motivação interior para continuar vivendo e evangelizando com a doação dessa mesma vida que não lhe pertence.

A coroa tecida com estrelas ou com flores afina o sentimento do peregrino e leva-o a descobrir que na relação terrenal com a

Mãe entra a relação celestial com o Pai. O símbolo dessa estrela evocativa traz o céu mais perto do romeiro e suaviza o suor do seu rosto. Por isso, em todas as romarias e peregrinações não pode faltar o canto-oração que fala em prece: *Imaculada, Maria de Deus! Imaculada Maria da gente!*

8. Preside ao serviço na Igreja e no mundo

O simbolismo dessa estrela inscreve-se no reconhecimento popular que reclama a construção inclusiva da nossa história, da nossa evangelização e de uma Igreja aberta à alteridade. Maria se apresenta no meio do nosso povo romeiro do Brasil a serviço da comunhão evangelizadora. Por isso ela pertence a um povo servidor, o Povo de Deus, a Igreja, que como sacramento universal de salvação está inteiramente a serviço da comunhão que evangeliza todos os povos, busca a unidade e a proximidade com o Deus Salvador em seu mistério e a comunhão do gênero humano entre si (cf. LG 1).

A comunidade de fé, portanto, pela força do Espírito Santo, é constituída por um povo de servidores (cf. DP 270). Maria pertence a esse povo de servidores e seu modo de servir é doar Cristo ao mundo. É um serviço que só ela pode realizar como Mãe de Deus. Pois é da sua carne e do seu sangue transformados em leite que, através de Jesus, redimiu a nossa relação com o Pai e nos fez imergir em seu mistério de amor. Com palavras de eco bem atual para muitos povos, e de modo particular para os peregrinos dos nossos dias, Paulo VI enfatiza a amplidão do serviço de Maria na Igreja (cf. MC 37).

Os nossos pastores em Puebla abrem ainda mais a amplidão desse serviço e nos inspiram projetos de grande alcance para a libertação e para a solidariedade popular. Ao considerarem a atitude de Maria, lançam provocações e desafios para o nosso compromisso de pessoas batizadas. Consideremos alguns desses desafios provocados pela atitude de Maria de Nazaré:

- Abre mão de seu projeto pessoal para aceitar o projeto da Encarnação com todo o seu mistério de fé e de nebulosidade (cf. Lc 1,26-38).

- A seguir, parte às pressas, célere, para as montanhas de Judá para ajudar Isabel, mais necessitada e idosa do que ela (cf. Lc 1,39-45).

- No encontro que tem com Isabel, não na sinagoga, mas no ambiente doméstico da casa de Zacarias, dá-se a explosão missionária com aproximação física do Messias com o precursor, ambos anunciados por duas mulheres. E Maria proclama o Magnificat sem medos e sem restrições de humana prudência; proclama que o Messias, salvador do povo de Israel, está no meio dos seus (cf. Lc 1,46-56).

- Ela conhece a pobreza e o sofrimento, a fuga e o exílio (cf. Mt 2,13-23).

- Antecipa-se ao abrir a comunidade dos discípulos à fé, no primeiro sinal feito por seu Filho, nas bodas de Caná (cf. Jo 2,1-11).

- Experimenta em seu coração de Mãe de Deus e de toda a humanidade o abandono do Pai quando deixa seu Filho morrer numa cruz (cf. Jo 19,25-27).

- Com fatos, favorece a fé da comunidade apostólica em Cristo, preside a oração do cenáculo e recebe, com os apóstolos e as outras mulheres, o Espírito Santo que funda a Igreja de Jesus Cristo (cf. At 1,12-14) (DP 300; 302).

Com essas atitudes e com esses fatos Maria é garantia para a grandeza da mulher de todos os tempos. Ao realizar sua vocação, através do serviço, mostra a forma específica de ser mulher, de ser alma dos fatos. Estes não são apenas "facta bruta", mas como canais trazem dentro de si a graça salvadora de Jesus.

Maria nos dá a conhecer como se espiritualiza a carne e como se encarna o Espírito de Deus Pai (cf. DP 299). O serviço de Maria à humanidade consiste em abri-la ao Evangelho, movê-la à obediência: *Fazei tudo o que Ele vos disser* (Jo 2,3).

A mulher de hoje, sobretudo em nosso contexto brasileiro e continental, está cada vez mais tomando consciência da regalidade do serviço que doa no processo da evangelização dos nossos povos. Inspirada na palavra-ato de Maria de Nazaré, quando disse "eis a Serva do Senhor" (Lc 1,38), faz de seu serviço à comunidade de fé um serviço real que se manifesta na solidariedade, no companheirismo de estrada, assumindo o peso da dor e da luta pela sobrevivência. Desse serviço real a mulher não está excluída (MILITELLO, 1999: 63-67)[6], mas é chamada a transformar, com seu coração, com sua mente e com seus atos proféticos, a antiga criação em nova criação. O povo peregrino reconhece e suplica: *Maria, Mãe da Igreja, rainha universal.*

9. A Imaculada Conceição

A estrela que simboliza a Imaculada une a humanidade com a divindade. O ventre de Maria é imaculado porque interpenetra a divindade com a humanidade. Por isso, o núcleo da verdade que

---

6. A autora completa dizendo: Talvez a comunidade de fé ainda tenha que descobrir o profundo significado que tem a *diakonia* como sinal da feminilidade, num contexto global de correspondência ao dom de Deus e à glória que lhe é devida através da mulher. Foi assim que Jesus agiu com as mulheres quando passou pela Galileia e pela Judeia.

nos é comunicada pela Imaculada Conceição é o da relação entre o divino e o humano. Existe aqui um ponto de intersecção por meio do qual se dá a comunhão de dois polos que só a graça salvadora pode realizar em nível do humano com o divino (MARTÍN, 2002: 314-315)[7].

Esse ponto de intersecção é uma mulher, a Imaculada Conceição (PINKUS, 1987: 80-81)[8]. É a pessoa sobre a qual Deus exerce sua graça de envio, de missão que Maria acolhe em sua própria corporeidade. Pela força do Espírito Santo essa graça chega até a nossa realidade limitada, mortal, fechada em si mesma, mas que a chegada gloriosa, doxológica dessa graça salvadora abre cada ser humano para acolher o dom que invadiu a Imaculada e a tornou Mãe de Deus e Mãe da humanidade.

Puebla fala que a Imaculada Conceição apresenta-nos em Maria, o rosto da humanidade nova, redimida em Jesus Cristo, no qual o Pai recria ainda "mais admiravelmente"[9], o projeto do paraíso (cf. DP 298). Para o nosso horizonte cultural, a Imaculada apresenta uma significação de longo alcance antropológico e teológico. Nela o Evangelho penetrou a feminilidade, redimiu-a e exaltou-a (cf. DP 299).

Nem sempre essa valorização da mulher foi reconhecida na nossa sociedade e na própria Igreja, comunidade de fé. Aqui a mulher representa a maioria e a mais ativa plasmadora do Reino

---

7. Segundo esta autora, o dogma da Imaculada nos recorda de maneira especial e atualizante, na realidade humana de cada pessoa, que a força do mal personificada no pecado não rompeu o vínculo da graça criacional e menos ainda o da graça encarnacional recebida no evento pascal de Jesus Cristo.

8. Cf. PINKUS, L. *El mito de María: aproximación simbolica* – Materiales para la comprensión del psicodinamismo en la experiencia cristiana. [s.l.]: DDB, 1987, 80-81.

9. LITURGIA DAS HORAS/I. "Natal do Senhor", oração: *Ó Deus, que admiravelmente criastes o ser humano e mais admiravelmente restabeleceste a sua dignidade, dai-nos participar da divindade do vosso Filho, que se dignou assumir a nossa humanidade. Por Nosso Senhor Jesus Cristo, na unidade do Espírito Santo.*

em construção (cf. DP 834; 837), seja a partir da família, como do mundo profissional do trabalho e dos organismos eclesiais. Em todos esses níveis atua com sua vocação própria e competência, inclusive no campo da teologia.

Por ser a Imaculada, Maria não é apenas o fruto admirável da redenção, mas nela se manifesta toda a força do Espírito Santo que a insere no mistério salvífico do Pai (cf. DP 293). Nesse sentido ela se torna a mulher fecunda que gera filhos e filhas para Deus e para a Igreja fundada por Jesus Cristo. É mãe de todos nós na ordem da graça (cf. LG 61). Essa fecundidade irrompe da sua total entrega ao plano realizado pelo seu Filho Jesus.

O ensinamento mais alto que Maria nos dá com sua virginal maternidade é a conjugação, no Mistério de Deus, da fé, da pobreza e da obediência ao Senhor, numa única realidade que é esta: Maria toda de Cristo, e com Cristo, toda mãe e servidora da humanidade. Diante desse mistério pede-se silêncio, contemplação e adoração. É desse mistério que nasce a missão dos nossos povos e dos nossos romeiros (cf. DP 294).

E eles conhecem muito bem que, visitando a Santa em seu santuário em peregrinação, como povo que caminha em direção à casa do Pai, ele sai do santuário pleno do Espírito evangelizador. Sim, porque a força do Espírito que passa por Maria é que torna o Evangelho mais carne e mais coração de todos os seus devotos (cf. DP 303). Por isso o povo reconhece e promete: *Ó Maria concebida sem pecado original*, quero amar-vos toda a vida com ternura filial!

10. *Companheira dos caminhantes*

O simbolismo dessa estrela faz o povo puxar Deus para mais perto dele. O povo prefere depositar sua confiança em Maria antes que ir diretamente a Deus. A fiel companheira do Senhor em todos os seus caminhos (cf. DP 292), cuida com amor materno e vela também por todos os irmãos e irmãs de seu Filho que ainda peregrinam nesta terra (cf. LG 62). Seu grande cuidado é que todos tenham vida abundante e cheguem a ser adultos em Cristo (cf. Jo 10,10; Ef 4,13).

A figura de Maria que caminha no meio dos romeiros, no meio do povo caminhante, evoca o símbolo religioso do peregrino, o qual corresponde à situação de todas as pessoas que povoam a terra. O peregrino faz sua caminhada para alcançar o paraíso perdido. Dentre as muitas ocupações e pré-ocupações que invadem o coração, a mente e o pensamento do peregrino, a única coisa que ele busca mesmo é a cidade definitiva da pátria/mátria celestial.

Por isso, nosso povo gosta de peregrinações, sobretudo aos santuários dedicados a Nossa Senhora dos Mil Nomes. Nelas o povo celebra a felicidade e a comunhão de se sentir imerso numa multidão de irmãos (cf. DP 232) que têm a mesma mãe, a mãe de Jesus, a mãe da Igreja da qual fazem parte. Junto com a mãe, o povo se sente seguro e caminha na direção certa para Deus que o espera para acolhê-lo e afagá-lo nos seus braços.

A figura de Maria caminhando com o povo acaba se tornando um sinal de luz resplandecente e um sacramental esplêndido da comunhão da Igreja terrestre com a Igreja celeste. A primeira, concebida como povo caminhante na direção do Senhor e a segunda, como meta final dessa caminhada que faz história. Como tem sentido esse caminhar do nosso povo junto com Maria! Sim, tem sentido porque o amplo caminho comum do Povo de Deus está aberto e já foi percorrido por Jesus, por Maria e pelos santos e santas, especialmente as santas e os santos do nosso Brasil e do imenso continente a que pertencemos.

Nessa caminhada estão incluídas todas as pessoas que foram vítimas da injustiça, seja ela institucionalizada ou não, pessoas que tiveram a *parresia* evangélica de doar a vida por projetos que apontavam e construíam, sem medo, o Reino de Deus. Esse Reino foi pregado por Jesus durante sua passagem no meio de nós por esta terra de Deus Pai.

A grande riqueza que a piedade popular nos traz é essa sensibilidade do caminhar juntos, caminhar em peregrinação. E aqui deve-se sublinhar o amor a Maria: ela e seu mistério pertencem à identidade própria dos nossos povos, e caracterizam a piedade popular (cf. DP 454; 232). Como caminhante, o nosso povo busca os santuários marianos, em peregrinação, para testemunhar o transitório da situação que vive, o desprendimento interior em relação ao presente, e a ligação ao fim longínquo, de natureza superior, onde todos podem sentar-se à mesa para o Banquete da Festa Eterna.

A presença da Mãe junto com o Filho, o Pai que acolhe a todos e o Espírito que doa a atmosfera festiva formam, juntos, o fio de ouro que sustenta as pérolas da grande coroa da Rainha da Paz e da Alegria. Essas pérolas simbolizam as peregrinações marianas que o povo realizou na pobreza, na purificação, na resistência e no despojamento. A recompensa do término da caminhada terrena é viver a Igreja terrestre que vai se plenificando na luz e na revelação da Igreja celeste. Como figura evocativa essa estrela leva o romeiro cantar: *Maria, Mãe dos caminhantes, ensina-nos a caminhar!*

11. *Nossa Senhora das Dores*

Essa estrela é a figura que evidencia a forte identificação que o povo alimenta com Nossa Senhora, sobretudo quando, em prece, canta, com profunda fé e profundo sentimento de solidariedade com a dor de Maria ao pé da cruz, este canto-oração: *Mãe, vem nos ensinar a fazer da vida uma oblação!*

Ela é invocada e conhecida também como Nossa Senhora da Piedade ou Nossa Senhora da Soledade. Não há outra imagem de Maria com a qual o nosso romeiro, o nosso povo mais se identifica. Nossa Senhora da Piedade é uma força intrínseca que perpassa a vida toda de todas as multidões que fazem sua romaria nos inúmeros santuários espalhados pelo Brasil, pelo nosso continente, pelo mundo inteiro.

O universo religioso do romeiro é povoado pela imagem de Maria solidária ao pé da cruz até o fim, solidária com seu povo na pessoa das mulheres e de João (cf. Jo 19,25-27). Essa sua solidariedade desperta a presença do Filho adormecido no coração de cada pessoa e de cada povo (cf. DP 295). Para o nosso contexto, atualizar a experiência de proximidade com Deus em seu mistério, através da figura de Maria ao pé da cruz, encontra seu sentido a partir do momento em que se leva em conta, muito bem e com profundidade, o Mistério da Encarnação, momento em que Maria dá sua adesão a esse plano salvífico do Pai. De fato, ao pé da cruz, Maria contempla o ressuscitado no crucificado.

Para o nosso povo, que transita muito mais pelo sentimento, pelo coração, pelo afeto e pelas profundas emoções de que é capaz de comunicar e testemunhar para o mundo, Maria ao pé da cruz passa a ter um sentido plenificado a partir do Mistério da Encarnação. Por isso, a função materna de Maria se dilata tanto, que assume no Calvário dimensões universais (cf. MC 37), passagem inevitável para a glória da exaltação do Cristo ressuscitado.

O simbolismo dessa estrela transporta o romeiro das suas dores para as dores da Mãe. Por isso fala a Jesus o que significa para Ele a Mãe que é de todos nós. E ora cantando: *Quando morrias na cruz tua mãe estava ali!*

12. *Nossa Senhora da Glória*

Essa estrela é a figura do fim, bom, da história humana. É o símbolo mais forte que o povo cultiva e alimenta na Igreja da qual faz parte. A Festa da Assunção é celebrada na liturgia que toma a

Mulher do Apocalipse (Ap 12) para manifestar o sentido e o destino do corpo santificado pela graça. No corpo glorioso de Maria começa a criação do cosmo a ter parte no corpo ressuscitado de Cristo. Maria assunta ao céu é a integridade humana, corpo e alma, que agora intercede pelo povo peregrino na história (cf. DP 298). Maria nos precede como mulher, na experiência da ressurreição da carne. A fórmula do dogma proclamado por Pio XII, em 1950, define claramente: "A Imaculada Mãe de Deus, a sempre Virgem Maria, terminado o curso de sua vida terrestre, foi assunta em corpo e alma à glória celeste" (DS 3903). O fim da vida de Maria, portanto, não se circunscreve nos limites da morte, mas rompe esta barreira e alcança uma plenitude de vida ressuscitada (BOFF, Leonardo, 1996: 178ss.).

A Festa da Assunção, mais conhecida como a Festa de Nossa Senhora da Glória, nos fala do destino final a que todos somos chamados. Não somos prisioneiros de um corpo mortal, mas seremos resgatados e assumidos no absoluto de Deus em seu mistério de amor. O que se deu em Maria desde o nascimento até a assunção é uma antecipação paradigmática daquilo que Deus deseja realizar em cada ser humano.

A partir da Encarnação pode-se compreender melhor que a assunção de Maria não se limita somente ao plano espiritual. E que o ser humano, a partir da sua corporeidade, nela e não fora dela, chamado pelo Senhor, é capaz de transcendência, abertura e acolhimento à graça redentora.

A inclusão simbólica aberta com a Imaculada Conceição, prefiguração da origem primeira da humanidade como Deus a pensou e a plasmou para plantá-la nesta terra, encerra o capítulo da assunção como um símbolo catalisador de todas as esperanças de participação plena da glória de Deus. A singularidade da assunção de Maria não é, pois, de modo algum, um privilégio excludente, mas antes uma realidade inclusiva, luz que ilumina a caminhada da pessoa peregrina em direção à casa do Pai. Por isso, o caminho de Maria, como se afirma acima, está inserido a toda a humanidade salva em Cristo.

A festa anual de 15 de agosto faz o povo cantar com saudades a antecipação da glória celestial: *Com minha Mãe estarei, na santa glória um dia!*

VII – Resumo

Coroar Maria é uma questão de amor. Esse amor nasce do serviço que ela presta ao pobre, ao excluído, massas de gente que caracterizam o nosso Continente da Esperança. Mas que Esperança é esta que aumenta a fome e empobrece as pessoas? Maria é Rainha desta gente. É Rainha por ser a Mulher que acolheu o Reino dentro de si e o comunicou ao mundo quando disse SIM à proposta do Pai. Com esta sua atitude Maria de Nazaré se tornou a discípula que nos precede no seguimento de seu Filho que pregou o Reino de Deus do qual ela é membro eminente. Maria, portanto, é coroada e é Rainha no âmbito do serviço que a faz participante da realeza de todas as pessoas e comunidades engajadas para o bem de todos os povos.

Os nossos pastores em Puebla foram generosos em atribuir a Maria títulos que as comunidades cristãs ao longo do tempo nunca haviam pensado e invocado Maria como Mãe não só de Deus e da Igreja, mas da humanidade; como Serva, Educadora e Companheira dos peregrinos desta terra; como Mulher livre e libertadora e finalmente como carne envolvida pelo Espírito Santo, pois sem Ela o Evangelho se desencarna e se torna ideologia.

Referências

ABBAGNANO, N. *Dizionario di Filosofia*. Turim: TEA, 1993.

ANDERSON, A.F. & GORGULHO, G.S. "Puebla e o anúncio de Jesus Cristo". In: SANTOS, B. (coord.). *Puebla: análise, perspectivas, interrogações*. São Paulo: Paulinas, 1979.

AVELAR, M.C. "O lugar de Maria no processo educativo solidário cristão". In: BOFF, Lina & BUCKER, B.P. *Maria e a Trindade*: implicações pastorais, caminho pedagógico, vivência da espiritualidade. São Paulo: Paulus, 2002, p. 89-90.

ÁVILA, F.B. *Pequena Enciclopédia de Doutrina Social da Igreja*. São Paulo: Loyola, 1991.

BASILE, N.G. *Solidários no mesmo destino*. Petrópolis: Vozes, 1977.

Bíblia Apócrifa – Morte e assunção de Maria. Petrópolis: Vozes, 1991.

_____. *A história do nascimento de Maria* – Protovangelho de Tiago. Petrópolis: Vozes, 1988.

BINGEMER, M.C.L. "A Trindade a partir da perspectiva da mulher". In: *REB*, 181, mar./1986, p. 78-85.

BOAGA, E. *Maria nell'itinerário della vita spirituale dal Medioevo al Rinascimento*: séc. XI-XV. Roma, Centro di Cultura Mariana, 1998.

BOFF, Clodovis. *Mariologia Social* – O significado da Virgem na sociedade. São Paulo: Paulus, 2006.

_____. *Introdução à Mariologia*. Petrópolis: Vozes, 2006.

_____. *Tratado de Mariologia Social*. São Paulo: Paulus, 2006.

_____. *O cotidiano de Maria de Nazaré*. São Paulo: Salesiana, 2003.

_____. *Como trabalhar com os excluídos*. São Paulo: Paulinas, 1998.

_____. *Maria na cultura brasileira* – Aparecida, Nossa Senhora da Libertação. Petrópolis: Vozes, 1995.

BOFF, Leonardo. *Saber cuidar* – Ética do humano, compaixão pela Terra. Petrópolis: Vozes, 1999.

_____. *A Ave-Maria*. Petrópolis: Vozes, 1998.

_____. *Ecologia, mundialização, espiritualidade* – A emergência de um novo paradigma. Rio de Janeiro: Ática, 1993.

_____. *A Ave-Maria* – O feminino e o Espírito Santo. Petrópolis: Vozes, 1980.

_____. *O rosto materno de Deus* – Ensaio interdisciplinar sobre o feminino e suas formas religiosas. Petrópolis: Vozes, 1996.

BOFF, Leonardo & BOFF, Clodovis. "Teologia da libertação: Carta aberta ao Cardeal J. Ratzinger". In: *Grande Sinal*, 5, jun./1986.

_____. *Da libertação* – O teológico das libertações sócio-históricas. Petrópolis: Vozes, 1979.

BOFF, Leonardo & FREI BETTO. *Mística e espiritualidade*. Rio de Janeiro: Rocco, 1994.

BOFF, Lina. *Maria na vida do povo*. São Paulo: Paulus, 2005.

_____. Maria para o Terceiro Milênio, partes I e II. In: *REB*, n. 239 e 240, respectivamente, setembro e dezembro, p. 616-640 e 859-878, 2005.

_____. *Culto e práticas de devoção a Maria*. Aparecida: Santuário, 2004.

_____. *Maria e o feminino de Deus*. São Paulo: Paulus, 2003.

_____. "Maria, a mulher inserida no mistério de Cristo". In: *Maria na vida do povo*. São Paulo: Paulus, 2002.

_____. *Maria na vida do povo* – Ensaios de Mariologia na ótica latino-americana e caribenha. São Paulo: Paulus, 2001.

_____. *Com Maria hacia al Tercer Milênio* – Actas del Simpósio Internacional. México: Centro Mariano de Difusión Cultural dos SM, 1998.

_____. "Maria e os pobres de Javé hoje": uma reflexão em vista do Terceiro Milênio. In: *Convergência*, 310, mar./1998.

_____. *Maria e o feminino de Deus*. São Paulo: Paulus, 1997.

_____. *Espírito e missão em Lucas-Atos* – Para uma teologia do Espírito. São Paulo: Paulinas, 1996, p. 118-127.

_____. "Memoria e profezia". In: *Atti del III Convegno delle SMR*. Rovigo, set./1995.

_____. *Espírito e missão na prática missionária do Acre*. Rio de Janeiro: PUC, 1994 [Tese de doutorado].

_____. "A misericórdia divina em Maria de Nazaré". In: *Convergência*, 276, out./1994.

_____. "Dal Magnificat ai piedi della Croce". In: *Accoglienza ispirata a Maria* – Atti del IX Convegno della Famiglia Servitana. Roma: Unifas, 1993.

_____. "Dal Magnificat ai piedi della Croce". In: *Atti del 2 Convegno Internazionale Unifas*, Quebec. Roma, 1993.

_____. "A Igreja: Esposa de Cristo". In: *O lugar da Mulher*. São Paulo: Loyola, 1990 [Comentário à *Mulieris Dignitatem*].

BOFF, Lina; BUCKER, B.; CASTANHEIRA, Maria Carmen A. *Maria e a Trindade*; implicações pastorais, caminho pedagógico, vivência da espiritualidade. São Paulo: Paulus, 2002.

BOFF, Lina et al. *Maria e a Trindade* – Implicações pastorais, caminhos pedagógicos, vivência da espiritualidade. São Paulo: Paulus, 2002.

BONHÖFFER, D. Sermon sur lê Magnificat. In: BOFF, Clodovis. *Mariologia Social* – O significado da Virgem na sociedade. São Paulo: Paulus, 2006.

CANTALAMESSA, R. *Maria*: um espelho para a Igreja. Aparecida: Santuário, 1992.

CHEVALIER, J. *Dicionário de Símbolos*. Rio de Janeiro: José Olympio, 1993.

CHEVALIER, J. & GHEERBRANT, A. *Dicionário de Símbolos*. Rio de Janeiro: José Olympio, 1993.

CIMOSA, M. *Gênesis 1–11*: a humanidade na sua origem. São Paulo: Paulinas, 1987.

COURTH, F. *Lessico di Teologia Sistematica*. Bréscia: Queriniana, 1990.

COUTINHO, A.P. *Nossa Senhora da América Latina*. São Paulo: Loyola, 1980.

CRB. *A formação do povo de Deus*. São Paulo: Loyola, 1990 [Col. Tua Palavra é Vida].

CUNHA, R.I.A. "A solidariedade profética". In: *Convergência*, 173, 1984.

DE FIORES, S. *Dicionário de Mariologia*. São Paulo: Paulus, 1995.

Documento de Puebla, artigos 282 a 303.

Documento de Aparecida. Petrópolis: Vozes, 2007.

DONADEO, M. *Ícones da Mãe de Deus*. São Paulo: Paulinas, 1997.

DORADO, A.G. *Mariologia popular latino-americana* – Da Maria conquistadora à Maria Libertadora. São Paulo: Loyola, 1992.

EVDOKIMOV, P. *La donna e la salvezza del mondo*. Milão: Jaca Book, 1985.

FABRIS, R. & GOZZINI, V. *A mulher na Igreja primitiva*. São Paulo: Paulinas, 1986.

FINKENZELLER, J. "Vita eterna". In: *Lessico di Teologia Sistemática* (LTS). Bréscia: Queriniana, 1990.

FIORENZA, E.S. *As origens cristãs a partir da mulher*. São Paulo: Paulinas, 1992.

FORTE, B. *Maria, a mulher ícone do mistério* – Ensaio de mariologia simbólico-narrativa. São Paulo: Paulinas, 1991.

GEBARA, I. & BINGEMER, M.C.L. *Maria, Mãe de Deus e Mãe dos pobres* – Um ensaio a partir da mulher e da América Latina. Petrópolis: Vozes, 1987.

GREGORI, M.F. "Facetas do feminismo". In: *Estudos Feministas*, 2, 1993.

GURTH, J. *Dizionario dei Concetti Biblici del Nuovo Testamento*. Bolonha: Dehoniane, 1991.

HOFFMANN, E. *Dizionario dei Concetti Biblici del Nuovo Testamento*. Bolonha: Dehoniane, 1991.

JOÃO PAULO II. *A Mãe do Redentor* – Redemptoris Mater. São Paulo, 2004 [Tradução das Paulinas artigo 35 intitulado O Magnificat da Igreja que está a caminho].

_____. *Carta Apostólica "Mulieris Dignitatem"*. São Paulo: Paulinas, 1988.

_____. *Instrução sobre a liberdade cristã e a libertação*. Petrópolis: Vozes, 1986 [Documentos Pontifícios, 207].

_____. "Homilia pronunciada na Basílica de Nossa Senhora de Guadalupe". In: *III Conferência Geral do Episcopado Latino-Americano*. São Paulo: Loyola, 1979.

_____. "Discurso inaugural pronunciado no Seminário Palafoxiano de Puebla de Los Angeles". In: *III Conferência Geral do Episcopado Latino--Americano*. São Paulo: Loyola, 1979.

JOHNSON, E.A. *Aquela que É* – O mistério de Deus no trabalho teológico feminino. Petrópolis: Vozes, 1995.

KOHA FONG, M. "Lectio divina sur Lc 1,39-45". In: *Theotokos*, 1, 1997.

LANGEMEYER, G. "Uomo e donna". In: *Lessico di Teologia Sistematica*. Bréscia: Queriniana, 1990.

LAURENTIN, R. *La Vergine Maria* – Mariologia *post-conciliare*. Roma: Paoline, 1980.

LIGÓRIO, A. *Glórias de Maria*. Aparecida: Santuário, 1989.

Liturgia das Horas II – Comentário espiritual de S. Gregório de Nissa, bispo, em seus "Sermões", séc. IV, PG 46.

Lumen Gentium. VIII capítulo sobre a Virgem Maria. Petrópolis: Vozes, 2000.

LUTERO, M. *Commento al Magnificat*: Servitium, Sotto il Monte – BG, 1989.

MAGGI, A. *Nossa Senhora dos heréticos*. São Paulo: Paulinas, 1991.

MARTÍN, T.L. "La 'inclusión' antropológica de los dogmas marianos. Una mirada dentro de nuestro entorno teológico". In: *Proyección, teología y mundo actual*, 207, 2002.

MEO, S.M. *Maria nel capitolo VIII dela "Lumen Gentium"* – Elementi per un'analisi dottrinale. Roma, 1975.

MESTERS, C. *Maria, Mãe de Jesus*. Petrópolis: Vozes, 1993.

MEYER, H.B. In: VV.AA. *Dizionario di Antropologia Pastorale*. Bolonha: Dehoniane, 1980.

MILITELLO, C. *Nostra Donna coronata di dodici stelle*. Roma: Monfortane, 1999.

MUÑOZ, R. *Solidariedade libertadora*: missão da Igreja. Petrópolis: Vozes, 1982.

MURAD, A.T. *Maria toda de Deus e tão humana*. São Paulo: Paulinas, 2004.

_____. *O que Maria tem a dizer às mães de hoje*. São Paulo: Paulus, 1997.

_____. *Quem é esta mulher?* – Maria na Bíblia. São Paulo: Paulinas, 1996.

NAVARRO, M.P. *Rasgos de inculturación de la figura de Maria en el Nuevo Testamento* – X Simpósio Internacional Mariológico. Roma, 1994.

NEVES, S.P. *Homem-mulher e medo* – Metáforas da relação homem-mulher. Petrópolis: Vozes, 1987.

O'DRISCOLL, M. *Las mujeres y Maria* [Separata sem outros dados].

ORDEM DOS SERVOS DE MARIA. *Servos do Magnificat* – Capítulo geral. Roma: Casa Geral, 1996.

OLIVEIRA, R. *Elogio da diferença* – O feminino emergente. São Paulo: Brasiliense, 1992.

ORIGENE. "Comento al Vangelo di Luca 8,7". In: *L'ora di Lettura*. 6. ed. Bolonha: Dehoniane, 1976.

PAREDES, J.G. *Mariología*. Madri: BAC, 1995.

PAULO VI. *O culto à bem-aventurada Virgem Maria*: exortação apostólica (*Marialis Cultus*). São Paulo: Paulinas, 1974.

PERETTO, E. "Sierva". In: *Nuevo Diccionario de Mariología*. Roma: San Pablo, 1993.

PINKUS, L. *El mito de María: aproximación simbolica* – Materiales para la comprensión del psicodinamismo en la experiencia cristiana. [s.l.]: DDB, 1987, 80-81 [em português: *O mito de Maria*: aproximação simbólica, elementos para a compreensão do psicodinamismo na experiência cristã. São Paulo: Paulus, 2000].

_____. *O mito de Maria*: uma abordagem simbólica. São Paulo: Paulus, 1991.

QUÉRÉ, F. *Le donne nel Vangelo*. Milão: Rusconi, 1983.

RATZINGER, J. *Maria, Chiesa nascente*. Milão: San Paolo, 1998.

REIMER, I.R. *Vida de mulheres na sociedade e na Igreja* – Uma exegese feminista de Atos dos Apóstolos. São Paulo: Paulinas, 1995.

ROXO, R.M. "A opção pelos pobres". In: *Puebla*: análise, perspectivas, interrogações. São Paulo: Paulinas, 1979.

SANTISO, M.T. Porcile. *La mujer, espacio de salvación*. México: Instituto Mexicano de Doutrina Social Cristiana, 1993, p. 90-94, 159ss.

SANTO AGOSTINHO. *A Virgem Maria* – Cem textos marianos sem comentário. São Paulo: Paulus, 1996 [Ir. Nair Assis de Oliveira (org.)].

SEBASTIANI, L. *Maria e Isabel*: ícones da solidariedade. São Paulo: Paulinas.

SERVOS DO MAGNIFICAT. *O Cântico da Virgem e a vida consagrada*. Roma: Cúria Geral OSM, 1996.

SOBRINO, J. "Comunión, conflicto y solidariedad eclesial". In: *Mysterium Liberationis*. Tomo II. El Salvador: Luca, 1992.

SPINSANTIS, S. *Nuovo Dizionario di Spiritualità*. Roma: Paoline, 1982.

TEPEDINO, A.M. *As discípulas de Jesus*. Petrópolis: Vozes, 1990.

TUROLDO, M.D. & RAVASI, G. "Lungo i fiumi..." *I Salmi*. Milão: Paoline, 1987.

VALENTINI, A. *Il Magnificat*. Bolonha: Dehoniane, 1987.

VANNI, H. *Apocalipse*. São Paulo: Paulus, 1985.

Vaticano II, VIII capítulo da LG.

VV.AA. Maria. In: *Revista Bíblica Latino-americana*, 46, 2003/3 [número monográfico].

_____. *Le donne dicono Dio*. Ediz. Roma: Paoline, 1995.

_____. *Dicionário de Mariologia*. São Paulo: Paulus, 1995 [Verbetes "Bíblia" e "Rainha"].

_____. *Dicionário de Símbolos*. São Paulo: José Olympio, 1993 [Verbetes "Coroa" e "Estrela"].

_____. "Maria nas Igrejas – Perspectivas de uma mariologia ecumênica". In: *Concilium*, 188, 1993 [número monográfico].

_____. "Maria y la mujer". In: *Vida Religiosa*, 64, mai./1988 [número monográfico].

_____. "Espiritualidade e profetismo no contexto da América Latina". In: *Convergência*, 179, 1985.

_____. *Puebla*: análise, perspectivas, interrogações. São Paulo: Paulinas, 1979.

_____. "Deus Pai?" In: *Concilium*, 163, 1974.

VUOLA, E. "La Virgen Maria come ideal femenino: critica feminista y nuevas interpretaciones". In: *Con-spirando*, 9, set./1994.

Fazer uma leitura atenta destes documentos da Igreja

Documento de Puebla – Maria, Mãe e modelo da Igreja. São Paulo: Loyola, 1979.

JOÃO PAULO II. *Carta apostólica Rosarium Virginis Mariae*. São Paulo: Paulinas, 2002 [Sobre o Rosário].

PAULO VI. *Exortação apostólica sobre o culto à Bem-aventurada Virgem Maria*. São Paulo: Paulinas, 1974.

Vaticano II – Constituição Dogmática *Lumen Gentium*. Petrópolis: Vozes, 1999, cap. VIII.

Outras leituras

AUTRAN, A. *A humilde Virgem Maria*. São Paulo: Paulinas, 1986.

BOFF, Clodovis. "Visão social da figura de Maria – Uma síntese". In: *REB*, 250, abr./2003.

BOFF, Leonardo. *A Ave-Maria* – O feminino e o Espírito Santo. Petrópolis: Vozes, 1980.

_____. *O Pai-nosso*: a oração da libertação integral. Petrópolis: Vozes, 1979.

BOFF, Lina. "O advento litúrgico e a pessoa de Maria". In: *Maria na vida do povo* – Ensaios de mariologia na ótica latino-americana e caribenha. São Paulo: Paulus, 2001.

NEVES, A. "Maria no Evangelho". In: *Revista Continente*, 1983.

_____. *O culto à Virgem Maria*. Petrópolis: Vozes, 1974.

PÉREZ, Luiz L.S. *Maravilhas de uma singela devoção*. São Paulo: Ave Maria, 1995.

Índice

Sumário, 5

Apresentação à segunda edição, 7

Prefácio, 11

Abreviaturas e siglas, 13

Introdução, 15

1. A vida na sua dimensão feminina e masculina – Partindo da teologia de Lucas-Atos, 19

    I - Explicações introdutivas, 19

        1. Método de trabalho, 21

        2. Conceituações básicas, 23

        3. O que entendemos por "feminino de Deus", 24

        4. Maria, imagem do feminino, 25

    II - As palavras que Lucas atribui a Maria de Nazaré, 26

        1. Maria e o modo de ser de Deus, 27

        2. Maria e o modo de ser de Jesus, 33

    III - Lucas fala de Maria de Nazaré, 36

        1. Maria fica intrigada, 36

        2. Maria pensa, 38

        3. Maria se põe a caminho, 39

        4. Maria dá à luz, 41

        5. Maria medita em seu coração junto com José, 45

        6. Maria na boca do povo de seu tempo, 47

IV - Maria na Igreja nascente, 48
   1. Maria na vida do povo do nosso tempo, 51
   2. Maria e o modo de ser do Espírito, 52
V - A comunhão de Maria com a Comunidade Divina, 56
   1. O impulso do Espírito que suscita o culto a Maria, 58
   2. Relevâncias para a continuidade e para o futuro, 59
VI - Resumo, 60

2. A vida e a interpelação das massas pobres e excluídas – Partindo do Magnificat (Lc 1,46-55), 63

   I - Interpelados para uma vida nova, 63
   II - Duas realidades nos interpelam: os pobres e os excluídos, 65
   III - O Magnificat e as massas pobres, 66
      1. Manifestou o poder de seu braço, 67
      2. A mística do vigor: em que consiste, 68
      3. O Deus do Magnificat dispersa..., 69
      4. A mística da profecia e da ética: em que consiste, 70
      5. Depôs poderosos de seus tronos, 72
      6. A mística da militância: em que consiste, 74
      7. Despede os ricos de mãos vazias, 75
      8. A mística do serviço solidário: em que consiste, 76
   IV - O Magnificat e as massas excluídas, 78
      1. As pessoas humildes são exaltadas, 80
      2. As pessoas famintas são saciadas, 81
      3. As pessoas desamparadas são socorridas, 82
   V - A vida que passa pela mística de Maria nos interpela, 84
      1. Maria proclama os feitos de Deus, 86
      2. Maria descreve os feitos do Senhor, 87
      3. Maria alimenta a vida e a esperança dos povos, 88
   VI - O legado do Vaticano II e de Puebla, 91
   VII - Resumo, 94

3. Resgatar a humanidade de Maria é colocar as grandes questões do feminino – Partindo da *Marialis Cultus*, 95

   I - Explicações introdutivas, 95

   II - O culto da Virgem na liturgia, 97

      1. O lugar de Maria na liturgia da Igreja romana, 98

      2. Maria no Advento, 99

      3. Maria no Tempo do Natal, 99

      4. Maria na Anunciação do Senhor, 100

      5. Maria ressuscitada e assunta ao céu em corpo e alma, 101

   III - Maria na celebração dos mistérios da salvação, 102

      1. A evocação de Maria no Memorial do Senhor, 102

      2. A celebração das memórias marianas, 103

   IV - Maria na História da Salvação, 105

      1. ...a Virgem que sabe ouvir, 105

      2. ...a Virgem que sabe proclamar e rezar, 106

      3. ...a Virgem que é Mãe, 108

      4. ...a Virgem que doa Jesus ao mundo, 109

      5. ...a Virgem, "mestra" de vida espiritual, 110

      6. A modo de conclusão, 111

   V - A criatividade da fé, 111

      1. A relação de Maria com o Espírito Santo, 112

      2. O Espírito e a santidade original de Maria, 112

      3. O Espírito e Maria na Igreja nascente, 113

      4. O Espírito e seu prolongamento em Maria, membro da Igreja, 114

   VI - Algumas orientações, 115

      1. Orientações de ordem bíblica, 115

      2. Orientações de ordem litúrgica, 116

      3. Orientações de ordem ecumênica, 117

      4. Orientações de ordem antropológica, 118

VII - Práticas marianas, 120
  1. A Saudação Angélica (*Hora da Ave-Maria*), 120
  2. O Santo Rosário, 121
  3. A estrutura do Rosário, 122
VIII - Valor teológico-pastoral do culto a Maria, 127
  1. Valor teológico, 127
  2. Valor pastoral, 128
IX - Resumo, 129

4. Por que o povo coroa Maria – Partindo do NT e de Puebla, 131
   I - Uma questão de amor, 132
     1. Maria é Rainha, 132
     2. Maria é Mãe, 133
   II - O significado da coroa: alguns escritos do Novo Testamento, 134
   III - Maria e o Reino de Deus, 138
     1. Rainha a serviço dos pobres, 139
     2. Rainha de misericórdia, 141
     3. Rainha do povo e de seus pastores, 141
   IV - A coroa e o povo peregrino, 142
     1. A coroa de estrelas, 143
     2. A lua e as rosas, 144
     3. A serpente, 145
     4. A faixa azul, 145
     5. A carga simbólica da coroa, 146
   V - O povo peregrino tece a coroa, 147
     1. De que modo é tecida a coroa de doze estrelas, 148
     2. A inspiração de Puebla, 149
   VI - Puebla e Maria, 149
     1. Mãe de Deus e Mãe da humanidade, 150
     2. Esposa do Espírito Santo, 151
     3. Mãe educadora, 152
     4. Presença sacramental, 153

5. Com Jesus protagonista da história, 154
6. Mulher livre e libertadora, 156
7. Mulher que espiritualiza a carne, 158
8. Preside ao serviço na Igreja e no mundo, 159
9. A Imaculada Conceição, 161
10. Companheira dos caminhantes, 163
11. Nossa Senhora das Dores, 165
12. Nossa Senhora da Glória, 166

VII - Resumo, 169

COLEÇÃO INICIAÇÃO À TEOLOGIA
Coordenadores: Welder Lancieri Marchini e Francisco Morás

– *Teologia Moral: questões vitais*
   Antônio Moser

– *Liturgia*
   Frei Alberto Beckhäuser

– *Mariologia*
   Clodovis Boff

– *Bioética: do consenso ao bom-senso*
   Antônio Moser e André Marcelo M. Soares

– *Mariologia – Interpelações para a vida e para a fé*
   Lina Boff

– *Antropologia teológica – Salvação cristã: salvos de quê e para quê?*
   Alfonso García Rubio

CULTURAL

Administração
Antropologia
Biografias
Comunicação
Dinâmicas e Jogos
Ecologia e Meio Ambiente
Educação e Pedagogia
Filosofia
História
Letras e Literatura
Obras de referência
Política
Psicologia
Saúde e Nutrição
Serviço Social e Trabalho
Sociologia

CATEQUÉTICO PASTORAL

Catequese
  Geral
  Crisma
  Primeira Eucaristia

Pastoral
  Geral
  Sacramental
  Familiar
  Social
  Ensino Religioso Escolar

TEOLÓGICO ESPIRITUAL

Biografias
Devocionários
Espiritualidade e Mística
Espiritualidade Mariana
Franciscanismo
Autoconhecimento
Liturgia
Obras de referência
Sagrada Escritura e Livros Apócrifos

Teologia
  Bíblica
  Histórica
  Prática
  Sistemática

VOZES NOBILIS

Uma linha editorial especial, com importantes autores, alto valor agregado e qualidade superior.

REVISTAS

Concilium
Estudos Bíblicos
Grande Sinal
REB (Revista Eclesiástica Brasileira)

VOZES DE BOLSO

Obras clássicas de Ciências Humanas em formato de bolso.

PRODUTOS SAZONAIS

Folhinha do Sagrado Coração de Jesus
Calendário de mesa do Sagrado Coração de Jesus
Agenda do Sagrado Coração de Jesus
Almanaque Santo Antônio
Agendinha
Diário Vozes
Meditações para o dia a dia
Encontro diário com Deus
Guia Litúrgico

CADASTRE-SE
www.vozes.com.br

EDITORA VOZES LTDA.
Rua Frei Luís, 100 – Centro – Cep 25689-900 – Petrópolis, RJ
Tel.: (24) 2233-9000 – Fax: (24) 2231-4676 – E-mail: vendas@vozes.com.br

UNIDADES NO BRASIL: Belo Horizonte, MG – Brasília, DF – Campinas, SP – Cuiabá, MT
Curitiba, PR – Fortaleza, CE – Goiânia, GO – Juiz de Fora, MG
Manaus, AM – Petrópolis, RJ – Porto Alegre, RS – Recife, PE – Rio de Janeiro, RJ
Salvador, BA – São Paulo, SP